DIANFENG YUEDU WENKU 巅峰阅读文库

中华传统美德百字经

群·爱群利群

于永玉 程晴◎编

　　一段历史之所以流传千古，是由于它蕴涵着不朽的精神；一段佳话之所以人所共知，是因为它充满了人性的光辉。感悟中华传统美德，获得智慧的启迪和温暖心灵的感动；品味中华美德故事，点燃心灵之光，照亮人生之路。

天津人民出版社

图书在版编目（CIP）数据

群：爱群利群 / 于永玉 , 程晴编. —天津：天津
人民出版社，2012.6
（巅峰阅读文库. 中华传统美德百字经）
ISBN 978-7-201-07606-5

Ⅰ . ①群… Ⅱ . ①于… ②程… Ⅲ . ①品德教育—中
国—通俗读物 Ⅳ . ① D648-49

中国版本图书馆 CIP 数据核字 (2012) 第 133738 号

天津人民出版社出版
出版人：刘晓津
（天津市西康路 35 号 邮政编码：300051）
邮购部电话：（022）23332469
网址：http://www.tjrmcbs.com.cn
电子信箱：tjrmcbs@126.com
永清县晔盛亚胶印有限公司印刷 新华书店经销
2012 年 6 月第 1 版 2012 年 6 月第 1 次印刷
690×960 毫米 16 开本 10 印张 字数：100 千字
定价：19.80 元

中国是一个具有悠久历史和灿烂文化的文明古国，也是举世闻名的礼仪之邦。在历史的长河中，中华民族创造出了绚丽多彩的物质文化和精神文化，为人类的发展和进步做出了重要贡献。其中，中华民族的传统美德被大家代代传承。

那么，什么是传统美德？什么是中华民族的传统美德呢？通常来说，传统美德就是在自觉或习俗的道德规范中，一些被大多数人所接受并实际奉行的，而且在现代仍有着积极影响的那些美德。具体到中华民族传统美德，概括起来就是指中华民族优秀的民族品质、优良的民族精神、崇高的民族气节、高尚的民族情感以及良好的民族礼仪等，是中华民族在历史实践过程中积累而成的稳定的社会优秀道德因素，体现在人们生活的方方面面，涉及政治、经济、文化、意识等领域，并通过社会心理结构及其他物化媒介得以代代相传。

经过长期的历史沉淀，中华传统美德已融入到中华民族的思想意识和行为规范中，成为社会道德文化的遗传基因，成为整个中华民族文化的精神内涵，也是中华五千年文明史的精髓所在。继承和弘扬中华民族传统美德，可以振奋民族精神，增强民族自尊心、自信心、自豪感和凝聚力，使社会主义道德规范具有更丰富的内涵，让社会主义、集体主义、爱国主义思想等更加深入人心，成为社会主义文化的主旋律。同时，还可以更好地协调人际关系，促进社会主义市场经济的健康发展，形成有中国特色的、适应社会发展的价值观和伦理道德规范。

前言

国民的思想道德状况，尤其是青少年的思想道德状况，直接关系着一个国家、一个民族的整体素质，关系着国家前途和民族命运。目前，我国已进入改革发展的新时期新阶段，德育教育的价值和意义更是日渐凸显。大力弘扬中华传统美德，建设社会主义核心价值体系，促进社会主义文化的发展和繁荣，是建设全面小康社会的主要任务，更是实现中华民族伟大复兴的必然要求。因此，党中央非常注重我国公民道德建设，全社会也已形成了加强和改进思想道德建设的新风尚。

青少年是国家的希望，是民族不断发展和延续的根本，因此，青少年德育教育就显得更加重要。为了增强和提升国民素质，尤其是青少年的道德素质，我们特意精心编写了本套丛书——《中华传统美德百字经》。

本套丛书立足当前公民，尤其是青少年思想道德教育的现实，将中华民族的传统美德归纳为一百个字，即学、问、孝、悌、师、教、言、行、中、庸、仁、义、敦、和、谨、慎、勤、俭、恤、济、贞、节、谦、让、宽、容、刚、毅、睦、贤、善、良、通、达、知、理、清、廉、朴、实、志、道、真、立、忠、诚、公、正、友、爱、同、礼、温、信、尊、敬、恭、恕、责、仪、精、专、博、富、明、智、勇、力、安、全、平、顺、敏、思、积、利、健、率、坚、情、养、群、严、慈、创、新、变、革、争、谏、诲、齐、省、克、竞、求、简、洁、强、律。丛书内容丰富、涵盖性强，力图将中华民族传统美德的内涵囊括进去。丛书通过故事、诗文和格言等形式，全面地展示了人类永不磨灭的美德：诚实、孝敬、负责、自律、敬业、勇敢……

群·爱群利群

2

这些故事在中华民族几千年的历史长河中，一直被人们用来警醒世人、提升自己，用做道德上对与错的标准；同时通过结合现代社会发展，又使其展现了中华民族在新时代的新精神、新风貌，从而较全面地展示了中华民族的美德。

在本套丛书中，为了帮助读者更好地理解这些源远流长的传统美德，我们还在每一篇故事后面给出了"故事感悟"，旨在令故事更加结合现代社会，结合我们自身的道德发展，以帮助读者获得更加全面的道德认知，并因此引发读者进一步的思考。同时，为丰富读者的知识面，我们还在故事后面设置了"史海撷英"、"文苑拾萃"等板块，让读者在深受美德教育、提升道德品质的同时，汲取更多的历史文化知识。

前 言

这是一套可以打动人心灵的丛书，也是可以丰富我们思想内涵的丛书……《中华传统美德百字经》向我们展示的是一种圣洁的、高尚的生活哲学。无论在任何社会、任何时代，给予人类基本力量的美德从来不曾变化。著名的美国政治家乔治·德里说："使美国强大的不是强权与实力，而是上帝赐予的美德。假如我们丢失了最根本且有用的美德，导弹和美元也不能使我们摆脱被毁灭的命运。"在今天，我们可能比任何时候都更应关心道德问题，尤其是青少年的道德问题，因为今天我们正逐渐面临从未有过的道德危机和挑战。

人生的美德与智慧就像散落的沙子，我们哪怕每天只收集一粒，终有一天能积沙成塔，收获一个光辉灿烂的明天。《中华传统美德百字经》中的美德故事将直指我们的内心，指向人性中善良的一面，唤起我们内心深处的道德感。因此，中华民

族的传统美德也一定会在我们的倡导和发扬之下，世世传承，代代延续！

全套丛书分类编排，内容详尽、文字优美、风格独具，是公民，尤其是青少年思想道德建设的优秀读物。愿这些恒久流传的美文和故事能抚平我们每个人驿动的心，愿这些优秀的美德种子能在青少年身上扎根、发芽、生长……

群·爱群利群

人类在长期的生产斗争中形成了群体，群体是每个人生存的依靠。一个人是无法在严酷的环境中生存的，有了群体，才能更好地应对环境中的各种挑战。个体组成群体，但一加一要大于二，群体的力量要远远大于组成这个群体的个体数目力量的总和。每个人都在群体中生活，每个个体都要爱护群体，使群体结合得更紧密，这就是团结。

有一首歌叫《团结就是力量》。

就是一首对群体的赞歌。

爱护群体就是心往一处想，劲往一处使，不利于团结的话不说，不利于团结的事不做，只有爱群利群，才能无往而不胜。

在生活中团结就是力量的现象处处可见：许多许多的石头堆积起来可以变成一座巨大的高山；许多许多的砖头垒筑起来，可以砌成万里长城；蚂蚁虽小，但许多蚂蚁团结在一起，能拖动一根很大的骨头；一个人的力量虽小，但许多微弱的个人汇合在一起，就能排山倒海，战胜一切！

中华民族是个异常重视群体观念的民族，对群体的团结有深刻的理解。孟子说："天时不如地利，地利不如人和。"如果没有群体的团结，就不可能书写中华民族的灿烂今天。

新中国的成立靠的是什么？靠的是全国人民万众一心；抗洪抢险的胜利靠的是什么？靠的是军民齐心协力；小康社会的实现靠什么？靠的是全国人民团结奋斗，共同努力。

中国几千年的历史也证明团结就能取得胜利，而不团结则注定失败。

历史上的战国时期，七国争雄，秦国企图一个个地消灭其他六国，称霸天下，这时候假如其他六国团结起来，同心协力，共同抵抗秦国，就不会一个个遭到灭亡。中国共产党在民族危急的紧要关头，团结了一切可以团结的力量，组成最广泛的统一战线，最终赶走了日本帝国主义，打倒了几百万的国民党军队，取得了革命的胜利，建立了共和国。

大家都知道，一个规模大的公司其生存发展靠的是什么？靠的就是企业员工的团结，组成为一个极具战斗力的团队。这样的企业，才可以在激烈的竞争中，无敌于天下！

如果一个人在生活、工作和学习中，有群体精神，善于团结同学同事，就会有一个比较顺心的环境，做什么事都能得到大家的帮助，就会取得事业上的成功；如果一个人不注意团结别人，处处得不到别人的帮助，甚至与别人矛盾重重，那么做什么事情都会困难重重，学习上事业上就很难取得进步或成功。

团结对于一个人、一个家、一个民族、一个国家以至整个世界，都有着极其重要的作用。它能化消极为积极，化弱小为强大，化不利为有利，从而产生出强大的力量。

我们从小就要培养自己团结他人的品质，树立良好的群体观念，持之以恒地做好自己从事的工作。遇到困难绝不退缩，要与群体融合在一起，为了共同的一个目标而努力付出，坚持到底。这不但是事业的必须，也是中华传统美德的万代流淌。

目录

ZHONGHUACHUANTONGMEIDEBAIZIJING

中华传统美德百字经

群·爱群利群

第一篇

相亲相爱一家人

为了汉匈两族的团结和睦

◎我们爱我们的民族，这是我们自信心的源泉。——周恩来

> 王昭君名嫱，字昭君，乳名皓月，汉族人。公元前33年，北方匈奴首领呼韩邪单于主动来汉朝，对汉称臣，并请求和亲，以结永久之好。汉元帝尽召后宫妃嫔，王昭君挺身而出，慷慨应诏。昭君出塞后，汉匈两族团结和睦，国泰民安。
>
> 公元前31年，呼韩邪单于亡故，王昭君以大局为重，忍受极大委屈，按照匈奴"父死，妻其后母"的风俗，嫁给呼韩邪的长子复株累单于雕陶莫皋。王昭君去世后，厚葬于今呼和浩特市南郊，墓依大青山，傍黄河水。后人称之为"青冢"。到了晋朝，为避晋太祖司马昭的讳，改称明君，史称"明妃"。

汉宣帝在位时，由于有霍光等大臣辅助，国家渐渐强大起来。那时候，匈奴由于贵族内部争权夺利，国势渐渐衰落。后来，匈奴发生分裂，五个单于分立自治，互相攻打不休。其中一个单于名叫呼韩邪，被他的哥哥郅支单于打败了，丢掉不少人马。呼韩邪和大臣商量后，决心跟汉朝和好。呼韩邪还亲自带着部下来见汉宣帝。

呼韩邪是第一个来中原朝见的单于。汉宣帝像招待贵宾一样招待他，亲自到长安郊外去迎接他，为他举行了盛大的欢迎仪式。呼韩邪临行时，与汉朝使者订立了此后"汉朝与匈奴合为一家，世世代代不相侵犯"的友好盟约。

公元前33年，汉宣帝死去，汉元帝即位。呼韩邪第三次到长安，提出愿意做汉家的女婿，结为亲戚，加强汉匈友好。汉朝经历了近百年的战火侵扰，也希望内外和平安宁。汉元帝答应了呼韩邪的要求，决定从后宫的宫女中挑

选出合适的人选，嫁给单于。

后宫中有个叫王昭君的宫女，长得十分美丽，又是个明大义、有远见的姑娘，她自愿嫁到匈奴去。王昭君平时并未被人注意，可当她装束起来，竟是位绝色的姑娘。呼韩邪单于在五位列选的姑娘中，一下就看中了她。汉元帝吩咐办事的大臣选择吉日，让呼韩邪单于和王昭君在长安成亲。

原来，王昭君的父亲王穰老来得女，把昭君视为掌上明珠，兄嫂也对其宠爱有加。王昭君天生丽质，聪慧异常，琴棋书画，无所不精，"蛾眉绝世不可寻，能使花羞在上林"。昭君的绝世才貌，顺着香溪水传遍南郡，传至京城。公元前36年，汉元帝昭示天下，遍选秀女。王昭君为南郡首选。元帝下诏，命其择吉日进京。其父王穰云："小女年纪尚幼，难以应命。"无奈圣命难违。公元前36年春，王昭君泪别父母乡亲，登上雕花龙凤宫船顺香溪，入长江，逆汉水，过秦岭，历时三月之久，于同年初夏到达京城长安，为掖庭待诏。王昭君进宫后，因自恃貌美，不肯贿赂画师毛延寿，毛延寿便在她的画像上点上丧夫落泪痣（有诗云："归来却怪丹青手，入眼平生几曾有；意态由来画不成，当时枉杀毛延寿。"王安石《明妃曲》）。昭君便被贬入冷宫三年，无缘面君。

呼韩邪单于得到这样一个年轻貌美的妻子，又是高兴又是感激。而元帝大惊，不知后宫竟有如此美貌之人，意欲留之，而难于失信，便赏给她锦帛2.8万匹、絮1.6万斤及黄金美玉等贵重物品，亲自送出长安十余里。王昭君在车队的簇拥下，肩负着汉匈和亲之重任，别长安、出潼关、渡黄河、过雁门，历时一年多，于第二年初夏到达漠北，受到匈奴人民的盛大欢迎。

到了匈奴后，呼韩邪单子封昭君为"宁胡阏氏"（王后），意思是说昭君嫁给匈奴，会带来和平安宁。呼韩邪单于娶了昭君很满意，他上书向汉元帝表示愿意为汉朝守卫边疆，让汉天子和百姓永享和平、幸福。

王昭君出塞的时候带去很多礼物，她在塞外同匈奴人民和睦相处，爱护百姓，教给当地妇女织布、缝衣和农业生产技术，受到人民的爱戴。

王昭君在匈奴生了一儿两女，这些子女长大后，也致力于汉与匈奴两族的友好。

◎故事感悟

　　王昭君的历史功绩是值得彰扬的。自从她出嫁匈奴后，匈奴和汉朝和睦相处，友好往来，很多年没有发生战争。王昭君以一个女儿之身，为民族团结作出了重大贡献，是汉朝和匈奴之间的亲善大使。

◎史海撷英

和亲政策

　　和亲政策是指我国历史上汉族封建王朝与少数民族首领之间，在一定的条件下，通过联姻的特殊方式，达到某种政治目的所采用的一种政治措施。它首倡于汉初娄敬。汉高祖、汉文帝都曾将宗室女嫁于匈奴单于。汉武帝、汉昭帝时也曾将宗室女嫁与乌孙王为妻。匈奴也嫁女为乌孙王妻。再如，隋唐时期也曾以宗室女嫁与突厥、吐蕃、回鹘等的首领。宋代时，契丹与党项李继迁也曾采取过和亲政策。在当时的历史背景下这种政策对缓和民族间的矛盾、对巩固各民族的政治统治、对促进民族间友好关系的发展和经济、文化的交流都起过一定的积极作用。

◎文苑拾萃

怨 词

王昭君

秋木萋萋，其叶萎黄，有鸟处山，集于苞桑。
养育毛羽，形容生光，既得行云，上游曲房。
离宫绝旷，身体摧藏，志念没沉，不得颉颃。
虽得委禽，心有徊惶，我独伊何，来往变常。
翩翩之燕，远集西羌，高山峨峨，河水泱泱。
父兮母兮，进阻且长，呜呼哀哉！忧心恻伤。

答里麻关爱他人

◎一切使人团结的是善与美，一切使人分裂的是恶与丑。——格言

> 答里麻（1279—？ ），元朝高昌人。曾任山东行省大都督，御药院达鲁花赤，淮东廉访使，河南行省右丞，后官至中书平章政事，但他并未就职，朝廷优养终身。

答里麻年轻时入宿卫，元成宗大德十一年（1307年），被任命为御药院达鲁花赤，后任监察御史。元仁宗时，"丞相帖木迭儿专权贪肆，答里麻帅同寅亦怜真、马祖常劾其罪。高昌僧恃丞相威，违法取妇南城，答里麻诘问之，奋不顾利害，风纪由是大振"。答里麻被提拔为河东道廉访副使。

元英宗至治元年（1321年），"帖木迭儿复相，以复仇为事，答里麻辞去"。后改任燕南道廉访副使等职，曾多次处理疑难案件，并多次平反冤假错案。如"开州达鲁花赤石不花歹颇著政绩，同僚忌之，嗾民诬其与民妻俞氏饮。答里麻察知俞氏乃八旬老妪，石不花歹实不与饮酒，于是抵诬告者罪，石不花歹复还职"。

泰定元年（1324年），答里麻被升任为福建廉访使。"朝廷遣宦官伯颜催督绣缎，横取民财，宣政院判官术邻亦取赂于富僧，答里麻皆劾之"。后来改任浙西廉访使。当元文宗从江陵出发赴首都继位时，阿儿哈秃带来谕旨，乘机向地方勒索贿赂，答里麻拒不交纳。阿儿哈秃还京后向皇上说了答里麻的坏话，答里麻被"召至京，处以重罪"。后来元文宗发现了事实真相，这才提拔答里麻为上都同知留守。不久即"召拜刑部尚书"。

元统元年（1334年），答里麻改任山东廉访使。"时山东盗起，陈马骡及新李白昼杀掠。答里麻以为官吏贪污所致，先劾去之而后上擒贼方略。朝廷嘉纳之，即遣兵擒获，齐鲁以安"。至正七年以西台中丞致仕。

答里麻一生中多次担任中央以及地方的司法、监察官员。

◎故事感悟

答里麻不畏权贵，执法平允，凡事依法而断，"奋不顾利害"，将个人安危置之度外，堪称刚正无私的执法官员。

◎史海撷英

忽必烈与阿里不哥争位

蒙哥汗去世了，遗留下三个弟弟：忽必烈、旭烈兀和阿里不哥，成为未来蒙古帝国的大汗。旭烈兀自1256年成为波斯汗后，由于远离蒙古高原，而没有要求继承大汗位。剩下的只有忽必烈和阿里不哥。阿里不哥作为幼子，已经成为蒙古汗国本土上的统治者，并在蒙古都城哈拉和林扎营。作为蒙古地区的统治者，他准备在蒙古召开库里勒台，以确保他被举为大汗。而忽必烈抢在他之前行动。他率军从武昌北上，在中原的开平上都府（位于今察哈尔和热河之间的多伦诺尔附近）建大本营，早些时候，他只是在这儿建起了他的夏季驻地。1260年6月4日，他在此被他的党羽，即他的军队，拥立为大汗。当时他44岁。

按成吉思汗的法律，这次仓促的选举是非正式的。按传统，库里勒台应该在蒙古召开，会前应召集成吉思汗的四个兀鲁思的代表们出席。阿里不哥在蒙哥的丞相、克烈部聂思托里安教徒孛鲁合的支持下，现在也毫不踌躇地在和林悟取大汗称号。在中国，控制着陕西和四川的蒙军将领们倾向于阿里不哥一边，但忽必烈不久就把这两个省的军队争取到他一边。忽必烈的副将们在甘州东部（甘肃境内）打败了阿里不哥军，这次胜利巩固了忽必烈对蒙古统治下的大理、西夏、吐蕃、金朝、南宋的所有权。忽必烈把他的优势兵力向大蒙古汗国本土推进，他于1260年年底，在哈拉和林以南的翁金河畔度冬；而阿里不哥朝叶尼塞河上游撤退。接着忽必烈错误地设想战争已经结束，在和林留一支普通军队后，回到中国。1261年年底，阿里不哥卷土重来，驱逐了这支驻军，并进军迎战忽必烈。在戈壁边境上打了两仗。第一仗忽必烈获胜，然而，他再次错误地没有追击阿里不哥，10天后打了第二仗，尽管战斗十分激烈，但却没有决定性的胜负。

站在阿里不哥一边的有窝阔台系的领导人、塔尔巴哈台的叶密立地区的统治者海都和察合台宗王阿鲁忽，阿里不哥曾帮助阿鲁忽从其堂兄妻、兀鲁忽乃手中夺得察合台兀鲁思。由于这一支持，阿里不哥的势力与忽必烈的势力相匹敌，直到将近1262年年底，阿鲁忽背弃阿里不哥投靠忽必烈。这一出人意料的背叛改变了形势。当忽必烈赶走了阿里不哥的人，重新占领和林时，阿里不哥被迫在伊犁河流域与阿鲁忽作战。阿里不哥被两军钳住，最后于1264年投降忽必烈。忽必烈为了笼络人心，没有杀他，但是，处死了阿里不哥的主要支持者，包括聂思托里安教丞相孛鲁合。为谨慎起见，他把阿里不哥作为重要俘虏囚禁起来，直到1266年阿里不哥去世。但大蒙古国第四任大汗蒙哥去世后，大蒙古国一分为五个国家，不复存在。分别是拔都的金帐汗国，忽必烈的大元国（元朝），西亚的伊尔汗国，南亚的察合台汗国，中亚的窝阔台汗国。

◎文苑拾萃

水调歌头·兀颜分宪

（元）白云山翁

忆分司时节，
秋雨正连天。
官路满篙流水，
舟楫驶如川。
陌上漫漫泥潦，
徒远马疲人倦，

堪赋去来篇。

雪冷梅花萼,

春早绿杨颠。

问东君,

春几许,

为君怜。

浮生恍如蝶梦,

栩栩美高贤。

客里渐磨岁月,

两眼青山图画,

松翠看云眠。

安得王乔术,

飞舄颇通元。

满江红·用前韵

(元)白朴

行遍江南,算只有、青山留客。

亲友间、中年哀乐,几回离别。

棋罢不知人换世,兵余犹见川留血。

叹昔时、歌舞岳阳楼,繁华歇。

寒日短,愁云结。

幽故垒,空残月。

听阁阁谈笑,果谁雄杰。

破枕才移孤馆雨,扁舟又泛长江雪。

要烟花、三月到扬州,逢人说。

回鹘出兵助平叛

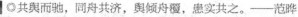

◎共舆而驰，同舟共济，舆倾舟覆，患实共之。——范晔

　　唐玄宗李隆基（685—762），大唐皇帝，李隆基为睿宗李旦第三个儿子，庙号"玄宗"，又因其谥号为"至道大圣大明孝皇帝"，故亦称为唐明皇。另有尊号"开元圣文神武皇帝"。玄宗在位年间，是大唐由盛变衰的关键时期。玄宗开元年间，社会安定，政治清明，经济空前繁荣，唐朝进入鼎盛时期，后人称这一时期为开元盛世。唐玄宗后期，他贪图享乐，宠信并重用李林甫等奸臣，终于导致安史之乱发生，唐朝开始衰落。

　　回鹘是我国古代少数民族的一支，原来住在今天蒙古一带，后来逐渐西迁，进入新疆内。他们一直与唐朝政府合作，保证了西域的安定。唐朝文化发达，诗歌创作达到高峰，回鹘诗人们积极学习汉文化。

　　唐玄宗天宝年间，安史之乱爆发，中原人民饱经荼毒。

　　安史之乱是中国历史上一次重要的事件，安指安禄山（也指其子安庆绪），史指史思明（也指其子史朝义）。安史之乱是指他们起兵反对唐王朝的一次叛乱，自唐玄宗天宝十四年（755年）至唐代宗宝应元年（762年）结束，前后达八年之久。

　　这次历史事件，对唐朝后期的影响尤其巨大。安史之乱的原因是多方面的，也是各种社会矛盾的集中反映，主要包括统治阶级和人民的矛盾、统治者内部的矛盾、民族矛盾以及中央和地方割据势力的矛盾等等。安史之乱的后果是极其严重的，战乱使社会遭到了一次浩劫；使唐王朝自盛而衰，一蹶不振；阶级压迫和统治阶级的压榨更加深重，因而促使农民和地主阶级的矛盾日益尖锐化，最后迫使农民不得不举兵起义，形成唐中叶农民起义的高潮。经过安史之乱，唐王朝也失去了对周边地区少数民族的控制，从此内忧外患，朝不保夕，更加岌岌可危。

唐肃宗即位时，唐朝政府正处于最困难时期，安史叛军猖獗一时。为了帮助朝廷平定叛乱，回鹘可汗派使臣朝见肃宗，请求出兵与唐军一起作战，讨伐安史叛军。唐肃宗派敦煌郡王李承案与回鹘商议，向回鹘借兵，回鹘可汗十分欢喜，将自己的女儿嫁给李承案，让她与李承案一起回唐朝请和亲，被唐肃宗封为毗伽公主。

于是回鹘可汗亲自带领大军，与朔方节度使郭子仪的军队合作，在黄河上游地区大败当地叛军。两军在呼延谷会师，唐军从此扭转了战局，一路势如破竹，转战陕西、山西、河北等地，屡次击溃安史叛军。唐朝从战乱中开始复兴。

后来，回鹘可汗派大将军多揽等人前来朝见，同来的还有回鹘王子叶护和4000将士。可汗还特意嘱托他们服从唐军将令，不可擅自行动，违反军纪。

唐肃宗见了，十分高兴，又下诏册封毗伽公主为正妃，将李承案升为宗正卿。回鹘可汗也封李承案为叶护，给他信物，让他和王子叶护一起带领回鹘军队。当时唐肃宗的太子广平王李豫和回鹘王子叶护一见如故，二人就相约结拜兄弟。叶护为此十分高兴，让大将达干等到扶风拜见郭子仪。郭子仪命人犒劳远道而来的回鹘兵，计划众人欢聚，痛饮三天。叶护深明大义，连忙推辞说："如今国家面临这么多危难，我们是来帮助讨伐叛逆的，怎敢在此饮酒作乐？"郭子仪一再坚持，他们才答应留下来休整三天。

在平定安史之乱的过程中，回鹘兵起了重大作用。

◎故事感悟

唐朝是中国历史上民族关系比较融洽的时期。在唐王朝生死危亡的关键时刻，回鹘并没有坐视不管，而是将唐王朝的存亡和自己的存亡视为一体，积极主动施以援手。

◎史海撷英

回 鹘

回鹘是中国古代北方及西北民族突厥人的一支，原称回纥。唐德宗时改称回鹘。唐初，漠北有九姓铁勒，回鹘即其中之一。回鹘部落联盟中以药罗葛为首，后来的回鹘各可汗，大多出自这个氏族。驻牧在仙娥河（又名娑陵水，今蒙古色楞格河）和温昆河（今蒙古鄂尔浑河）流域。回纥人使用突厥卢尼文字，信仰原始宗教萨满教。

隋唐时期，回鹘受突厥政权统治。公元605年（隋大业元年），回鹘联合仆骨等部族起来反抗，终于摆脱突厥的统治，逐渐强大起来。公元646年（唐贞观二十年），回鹘配合唐军攻灭了薛延陀政权，首领吐迷度自称可汗，接受唐朝的管辖，唐在其地分置六府、七州。公元744年（天宝三年），回鹘首领骨力裴罗自立为可汗，建立回鹘政权。这时回鹘控制的地区东起今额尔古纳河，西至今阿尔泰山，势力日益强盛。

公元840年回鹘政权被黠嘎斯推翻后，大部分回鹘人向西迁徙。一支迁到葱岭以西，一支迁到河西走廊，一支迁到西州（今新疆吐鲁番）。西州回鹘又向西发展，以高昌（今新疆吐鲁番）为中心，建立了高昌回鹘政权。西州回鹘后来改称为"畏兀儿"，也就是今天维吾尔族的先人。

突厥、回鹘语言属阿尔泰语系突厥语族。突厥创造了自己的文字，使用动物名称作符号以计算年份。唐代以前，大漠南北的蒙古高原大半属于突厥语世界。突厥和回鹘草原贵族都力图加强对蒙古东部地区契丹人、室韦—达怛人的统治，在契丹、室韦驻有官员。后突厥还似乎曾向兴安岭一带移民。突厥、回鹘势力进入蒙古东部地区，便向室韦—达怛等族打开了通向大漠南北的门户。突厥和回鹘对室韦—达怛人的经济文化都有一定的影响。

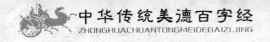

◎文苑拾萃

兵车行

杜甫

车辚辚，马萧萧，行人弓箭各在腰。

耶娘妻子走相送，尘埃不见咸阳桥。

牵衣顿足拦道哭，哭声直上干云霄。

道旁过者问行人，行人但云点行频。

或从十五北防河，便至四十西营田。

去时里正与裹头，归来头白还戍边。

边庭流血成海水，武皇开边意未已。

君不闻汉家山东二百州，千村万落生荆杞。

纵有健妇把锄犁，禾生陇亩无东西。

况复秦兵耐苦战，被驱不异犬与鸡。

长者虽有问，役夫敢申恨？

且如今年冬，未休关西卒。

县官急索租，租税从何出？

信知生男恶，反是生女好。

生女犹得嫁比邻，生男埋没随百草。

君不见青海头，古来白骨无人收。

新鬼烦冤旧鬼哭，天阴雨湿声啾啾。

两村亲如兄弟

◎团结一致，同心同德，任何强大的敌人，任何困难的环境，都会向我们投降。——毛泽东

武陟县位于河南省北部，黄河北岸，与郑州隔河相望，属焦作市。

武陟县的小董乡岗头村和宁郭乡小麻村都是三四千人口的大村庄，两村相距6公里。两个村不属于同一个民族，岗头村是汉族村，小麻村是回族村，但是两村却十分团结，并且有着悠久的历史。如果说一个村庄和另一个村庄全都是响当当的硬亲戚，那么他们在民间就被称为社亲。下面是关于这两个村子的故事。

大清顺治六年（1649年）的一个春天，风和日丽，草长莺飞。岗头村的王老汉唱着怀梆，甩着响鞭，赶着一群绵羊在远离村庄的草滩上放牧。突然，一个戴着回族白帽的恶霸骑着黑马，领着几个打手来到了他的面前，要强买走他的这一群成羊，只出很低的价钱。王老汉说什么也不答应。这个恶霸诬陷王老汉出尔反尔，破坏行规，恼羞成怒，喝令手下几个人对王老汉进行殴打。王老汉头破血流，高声呼救。

正在这时，一位骑白马的年轻人闻讯赶到，下马后，听完了王老汉的诉说，就拱手好言对恶霸相劝："虽然汤锅急需，别忘买卖公平。买卖不成仁义在，值不得如此动怒。看我薄面，各自走开吧。"恶霸不听劝告，反而咒骂年轻人多管闲事。年轻人忍无可忍，两个人就动起手来。年轻人武艺高强，一番格斗，打得恶霸和他的几个打手狼狈逃窜。

恶霸逃走以后，年轻人把王老汉搀了起来，王老汉气得直骂回族人坏。年轻人说："老伯，您看我是哪族人？"王老汉说："你是咱汉族人，要不然你

怎么会救我呢？"年轻人说："我也是回族人，长年在外经商。我家住小麻村，我叫马小义。回族人里有坏人也有好人，您看到了吧。其实啊，汉族人里有好人也有坏人，不管哪个族，都是中国人，应该民族平等，民族团结。"王老汉细细一想，年轻人说的都在理。俩人越说越对劲儿，越说越亲热。王老汉为了感谢马小义，就把马小义请到家中设宴款待。酒宴之后，王老汉又叫三个儿子和马小义结拜为异姓兄弟。从此以后，两家人礼尚往来，频繁走动，成了情深意厚的异族亲戚。

转眼到了第二年（1650年）的冬天，天气很冷。王老汉得了重病，卧床不起。他的三个儿子都在县衙里任职。他们急忙请假回家探望，吃晚饭的时候，王老汉从他们那里听说小麻村有些回民在周围汉族村庄偷盗耕牛暗地屠宰，激起了众多汉民的强烈愤恨，纷纷进县衙告状。县太爷吴天植暴怒，不分青红皂白，秘密传令准备在当夜黎明前对小麻村全部回民进行抓捕。王老汉得知了这件事，急忙叫大儿子和二儿子尽快套上马车火速赶到小麻村去抢救马小义一家人。

当夜四更时分，马小义一家人被抢救到了马车上。马小义一见马车上还有空位，就又叫醒了邻居买家、卢家、丁家一同逃命。马车上坐得挤满了人，堆打堆，摞打摞，慌慌忙忙地赶出了小麻村。马车刚刚离开村子西口二三里，大队官兵就把小麻村包围得水泄不通，开始了抓捕。王家两兄弟把马车赶得飞快，将一车人运到岗头村自己家藏了起来。

后来，事件闹得太大了，县太爷吴天植被判为"滥杀无辜"的罪名丢了官职，下了大狱。一直等到安全了，王家兄弟才将藏在自己家里的回族亲戚送回了小麻村。王家兄弟经常给他们送米送面，又给他们资助钱物，帮助他们度过了饥荒，逐渐恢复了生意经营。

两个村子的汉回兄弟经过了生与死的考验后结成了牢不可破的民族友谊，三百多年来久盛不衰，友谊一代一代传了下来。一遇到事情，两个村子的人共同对外，一方有难，双方共同承担，亲热得像一家人。现在，他们互相帮助，共同走上了致富大道，成了远近闻名的民族团结的光辉典范。

◎故事感悟

　　汉回两村团结的像一家人，他们互帮互助，有难同当。只有各民族人民团结起来，才能在困难的时候共同克服，才能共同发展，越来越好。民族团结是我们国家政治安定的重要保证。

◎史海撷英

争夺汗位

　　崇德八年（1643年）八月九日亥时，皇太极"暴逝"于沈阳清宁官。由于他的突然死去，未对身后之事做任何安排，所以王公大臣在悲痛背后，正迅速酝酿一场激烈的皇位争夺战。

　　八月十四日，诸王大臣在崇政殿集会，讨论皇位继承问题。这个问题是否能和平解决，直接关系到八旗的安危和清皇朝的未来。两黄旗大臣已经迫不及待，他们一方面派人剑拔弩张，包围了崇政殿；另一方面手扶剑柄，闯入大殿，率先倡言立皇子，但被多尔衮以不合规矩喝退。这时，阿济格和多铎接着出来劝多尔衮即位，但多尔衮观察形势，没有立即答应。多铎转而又提代善为候选人，代善则以"年老体衰"为由力辞，既提出多尔衮，又提出豪格，意见模棱两可。豪格见自己不能顺利被通过，便以退席相威胁。两黄旗大臣也纷纷离座，按剑向前，表示："如若不立皇帝之子，我们宁可死，从先帝于地下！"代善见有火并之势，连忙退出，阿济格也随他而去。多尔衮见此情形，感到立自己为帝已不可能，迅速提出他的意见，主张立皇太极幼子福临为帝，他自己和济尔哈朗为左右辅政，待其年长后归政。这一建议，大出众人所料。立了皇子，两黄旗大臣的嘴就被堵上了，豪格心中不快，却又说不出口。多尔衮以退为进，自己让了一步，但作为辅政王，也是实际掌权者。济尔哈朗没想到自己也沾了光，当然不会反对。代善只求大局安稳，个人本无争位之念，对此方案也不表示异议。这样，这个妥协方案就为各方所接受了，但由此而形成的新的政治格局却对今后数年乃至数十年的政局有着巨大影响。

就这样，多尔衮妥善地处理了十分棘手的皇位争夺问题，自己也向权力的顶峰迈进了一步。多尔衮的这一方案，在客观上避免了八旗内乱，保存了实力，维护了上层统治集团的基本一致。当然，他这一提案也是自己争夺皇位不易得逞之后才提出来的，是在两黄旗大臣"按剑向前"的逼人形势下提出的中策或下策，而并非是他一开始就高瞻远瞩、具有极广阔的胸襟。

◎文苑拾萃

回族

回族是中国分布最广的少数民族。全民族主要的生活方式为伊斯兰，在居住较集中的地方建有清真寺，又称礼拜寺。公元7世纪中叶，大批波斯和阿拉伯商人经海路和陆路来到中国的广州、泉州等沿海城市以及内地的长安、开封等地定居。公元13世纪，蒙古军队西征，中亚的穆斯林（伊斯兰教徒的特称）大批迁入中国。以这些信仰伊斯兰教的中亚移民、波斯人、阿拉伯人为主，后吸收汉、蒙古、维吾尔等民族成分，逐渐形成了一个统一的民族——回族。

回族是中国少数民族中人口较多的民族之一。主要聚居于宁夏回族自治区，在甘肃、新疆、青海、河北以及河南、云南、山东也有不少聚居区。几乎全国各省、市、区都有。回族有小集中、大分散的居住特点。在内地，回族主要与汉族杂居；在边疆，回族主要与当地少数民族杂居；大都分布于水陆交通线上，因此经济文化较为发达。回族主要从事农业，有的兼营牧业、手工业。回族还擅经商，尤以经营饮食业突出。喜爱摔牛的运动，沧州、临夏地区的回族善于练武。现在的回族各行各业都有。

回族的通用语为华语，第二语言为阿拉伯语，在族群内部占有举足轻重的地位。在日常交注及宗教活动中，回族保留了大量的阿拉伯语和波斯语的词汇。在边疆民族地区，回族人民还通晓并使用当地民族的语言。

回族有三大节日：开斋节（大尔迪）、宰牲节（小尔迪）、圣祭，所有节日都与其他穆斯林保持高度一致有着密切的联系。

各民族联手收复新疆

◎一致是强有力的，而纷争易于被征服。——格言

左宗棠（1812—1885），字季高，谥文襄。湖南湘阴人。官至两江总督兼南洋大臣。太平天国革命发生后，他曾在家乡办团练，后随骆秉章、曾国藩襄办军务，以后又招募"楚军"，相继镇压太平天国农民运动、捻军起义和陕甘回民起义。他是洋务运动的代表人物之一，提倡引进和学习西方的军事武器、机器生产和科学技术，创办福州造船厂、西安机器局、兰州机器织呢局等新式企业。主张创办新式海军。1885年，左宗棠病死于福州。死后，他的门生将其生前奏稿，书信等编纂成书，名《左文襄公全集》。

19世纪中叶，随着资本主义列强在世界范围内争夺殖民地的斗争加剧，英俄两国在中亚地区的角逐也日渐激化，对中国的西部边陲新疆，更是垂涎已久。

1865年（清同治四年），中亚浩罕汗国（在今乌兹别克斯坦境内）军事头目阿古柏在英国殖民者的支持下，率兵侵入南疆，建立了所谓的"哲德莎尔"政权，进而占领了天山南北的广大地区，实行殖民统治。清政府此时正忙于镇压内地人民起义，无暇西顾。1871年，俄国又乘机出兵占领时为新疆军政中心的伊犁地区，加紧与英国争夺新疆。与此同时，中国东南、西南和南部边疆也都面临列强侵略的威胁，边疆危机日益严重。

大敌当前，引起了维吾尔、哈萨克、锡伯、汉、回等各族人民的惊恐和愤怒，也引起了大家的思考。新疆各族人民摒弃前嫌，团结在一起共同对敌。

首先起来抵抗入侵者的是喀什噶尔地区的柯尔克孜族人民。他们的抵抗却遭到了装备着先进武器的阿古柏军队的残酷镇压。

1870年3月，阿古柏军队从喀拉沙尔发兵进攻吐鲁番。当地上万名回、维吾尔百姓自动集结起来奋力抵抗，消灭了数千侵略军。5月间，阿古柏再攻吐鲁番，当地民众杀敌3.3万余人，但由于叛徒马仲等人的出卖，吐鲁番城陷落。

1871年，阿古柏凭借洋枪洋炮，又相继攻占了乌鲁木齐、古牧地、木垒、玛纳斯、鄯善等地，气焰一时甚嚣尘上，大有要把全新疆一口吞下之势。此时，少数清军退据塔城、乌苏一线艰难固守，与内地完全失去了联系。

由于实力悬殊，新疆人民抗击阿古柏军队的斗争也相继失败。南疆、北疆的各个地区相继沦为阿古柏的势力范围。

为了维护其政权，阿古柏先后同英国、俄国密谋，签订商约与协定，大量出卖新疆地区的权益，并意图将新疆从中国分裂出去。

而在阿古柏统治新疆的13年中，世代生息在这块广袤土地上的各族民众遭受了空前的劫难。广大民众终年不得温饱，过着极其贫困的生活。许多人家破人亡，流离失所。新疆的社会经济遭到严重的破坏，在许多城镇里甚至出现了买卖奴隶的现象。

阿古柏及其下属则随心所欲地挥霍着剥削来的财富，过着穷奢极欲的生活。在喀什噶尔、阿克苏、叶尔羌、吐鲁番、托克逊等地都有阿古柏专门建筑的豪华宫殿。为了重现突厥可汗的威风，他还掳掠了六百多名不同民族的妇女充实后宫。

当时，在新疆大地上流行着一首柯尔克孜族民歌，歌词大意是："黑色的猫头鹰在头顶上惨叫，罪恶的战火在草原上燃烧。柯尔克孜人的家乡流着鲜血。大地母亲，为她的儿子在痛苦号啕。号啕——痛哭——痛哭——号啕。灰色的恶狼在白骨堆上嗥叫，阿古柏的马队像狂风在咆哮。柯尔克孜人的太阳是谁抢去了？大地母亲，为她的儿子在痛苦号啕——痛哭——号啕。"

人们的痛苦呼声终于有了回应，转机终于出现了。

在维文史书《伊米德史》中记载说："南疆维吾尔族人民在街头巷尾成群

结伙地在一起议论着'汉人就要来了'的消息。不知这些消息是真还是假，人们总是按照自己的心愿编织出许多故事，以悦人心，更悦己心。"

"汉人"指的就是当时的清政府。

此时，清政府也已逐渐认清了这场外国势力主导的边疆危机的严重性，用武力讨伐阿古柏的提案终于得到光绪皇帝的重视。由于国力衰微，权倾朝野的李鸿章等人力主放弃新疆，而左宗棠却力排众议，向众人陈说利害，更以花甲高龄主动请缨率领部队出塞，并立下军令状：给他三年时间，就能收复新疆！

此前，原喀什噶尔伯克阿布杜·热衣木等人，经历了千难万险来到北京。得知清军要进疆平乱的消息后，纷纷自愿担任西征军向导。

1875年2月12日，喀什噶尔商人拜合提等人受当地原清朝维吾尔官员的委托，抄便道翻越冰达坂，长途跋涉抵达北疆乌苏，拜见清前敌带兵大臣孝顺，请孝顺向驻塔城行营的代理伊犁将军荣全呈递"喀什噶尔回子伯克禀帖"，表明全疆各族人民期盼清军收复失地、全歼入侵者的强烈愿望。

荣全也马上派人上书朝廷，说驻疆清军已做好准备，望朝廷速发大兵进剿阿古柏。

清政府终于采纳了左宗棠等人出兵收复新疆的主张，任命左宗棠为钦差大臣，督办新疆军务。出征之际，老将左宗棠叫人抬着一副棺木随在身旁，以此显示他不收复国土，誓不回师的必死决心！

哀师必胜，更何况这是一支正义之师！在他的感召下，军队士气高涨！

左宗棠采取了"先北后南，缓进速战"的进军方针，于1876年收复了天山北路。

1876年9月，当清军突然出现在天山以北，夺取了乌鲁木齐后，阿古柏当即惊得目瞪口呆，不知所措——这个分裂政权的末日即将到来了。

1877年，阿古柏被迫逃亡南疆，在众叛亲离的情况下于库尔勒服毒自杀，其汗国亦随之覆灭。至此，中国新疆地区除伊犁仍被俄国侵占外，天山南、北两路全部收复。

为了收回全部国土，左宗棠又积极部署进军伊犁。此时的沙俄当局再也

不复当日的嚣张，同意与清政府举行谈判。经过长期反复交涉，两国于1881年签订《中俄伊犁条约》。

中国收回了伊犁和特克斯河上游两岸领土（霍尔果斯河以西地区和北面的斋桑湖以东地区却被沙俄强行割去）。

新疆各族人民经历了13年的血雨腥风，终于重回祖国的怀抱！

◎故事感悟

新疆自古就是中国的领土，新疆各族人民群策群力，有力地维护了国家统一，民族团结。事实表明，各民族人民只要团结一致，任何敌人都不敢小觑。

◎史海撷英

维吾尔族

维吾尔族原是公元三世纪游牧于中国北方和西北贝加尔湖以南、额尔齐斯河和巴尔喀什湖一带的游牧民族。由于受部落间战争的影响，各个部落的分支逐渐迁徙西域（今新疆），先后曾被译为"韦纥"、"乌纥"、"袁纥"、"回纥"、"回鹘"、"畏兀儿"，以后才改为"维吾尔"，沿袭至今，是"团结"、"联合"之意。维吾尔族以农业为主，种植棉花、小麦、玉米、水稻等农作物。此外还擅长园林艺术。中国最大面积的葡萄生产基地，即葡萄沟，就在离新疆维吾尔自治区首府乌鲁木齐东南184公里的吐鲁番盆地。

全民族使用维吾尔语，该语言属于阿尔泰语系、突厥语族。中华人民共和国成立后，曾经创制以拉丁字母为基础的新文字，20世纪80年代初，又恢复使用以阿拉伯字母为基础的维吾尔文。

◎文苑拾萃

五个手指的故事

人的每只手都有五个兄弟——大哥（大拇指）、二哥（食指）、三哥（中指）、四弟(无名指)、五弟(小指)。他们都有各自的分工,尽职尽责团结地生活在手上。可是时间一长,他们的思想都发生了微妙的变化,都认为自己的本领最大。最终矛盾激化,一场不可避免的争吵发生了。大哥说:"我天天带领着你们早出晚归,辛勤地为手服务,我的本领最大。"二哥说:"你分配不均有失职之处,出了事都是我给你顶着,我的本领最大。"三哥一把鼻涕一把泪地哭诉:"你们都把脏活累活压在我的身上,美其名我的身材修长体格健美。"四弟尖着嗓子插嘴道:"那是你自找。瞧我管理的外交处那可是顶呱呱,我的本领最大。"五弟也争吵着说他的本领最大。他们激烈地争吵,谁也不让谁。

这时人说话了:"要不你们比比谁能拿起地上的球,谁的本领就最大。"于是,他们争先恐后地去拿球,可是,不管怎么努力就是拿不起那个球。人说:"你们一起拿试试。"他们走在一起轻轻一拿,球就被很轻松地拿了起来。他们终于明白,团结就是力量。

海子塘边结为兄弟

◎人以义爱，党以群强。——格言

> 小叶丹（1894—1942），男，彝族，四川省冕宁县（今彝海乡）人。
>
> 新中国成立前四川彝族沽基家的头人，他与刘伯承元帅歃血为盟之事，被传为一时佳话。2009年9月14日，他被评为一百位为新中国成立作出突出贡献的英雄模范之一。

聚居在四川大凉山一带的彝族，上世纪30年代还处在落后的奴隶社会状态。当时，由于种种历史原因，尤其是国民党的欺压，彝族人对汉人疑忌多端，隔阂很深。

1935年，中央红军为迅速抢渡天险大渡河，决定穿越大凉山彝族区。为此，特组建了由刘伯承担任司令员和聂荣臻担任政委的红军先遣队，先行进入彝区，为大部队开路。果然，红军的工作团走到彝区境内30多里的地方，突然被一伙手执武器的彝民挡住并围了起来。见此情景，战士们马上把枪端在手里，与彝民怒视而对。在这剑拔弩张的时刻，肖华连忙制止了战士，让他们谁也不准开枪，一定要遵守民族政策！随后，他让通司（翻译）将他的诚恳解释转告彝民，让他们不要误会，这一伙人是中国工农红军，不是国民党军阀的部队，不会危害他们，只是路过此地，去打国民党反动派，并不在此住宿。然而，彝民们还是不肯放行。

正在这时，彝民首领小叶丹的四叔骑着一匹黑骡子，带着几个人飞奔过来。肖华看到几个彝民围着小叶丹四叔，边用手指着红军，边说着什么，不免有些疑惑。经通司翻译得知，他们是看中了红军的铜锅。见此，肖华笑着通过通司告诉小叶丹四叔，说这锅是红军做饭的家伙，要是给了他们，红军就没办法做饭了。就是借老百姓家的锅，也做不了这么多的饭，那红军就得饿肚子了。一番幽默的话语，立刻把小叶丹四叔逗乐了，站在他旁边的彝民脸色也不那么难看了。接着，肖华便和小叶丹四叔交谈起来。谈话中，小叶丹四叔看到肖华这样通情达理，平等待人，又看到红军的纪律如此严明。所以，在肖华告诉他，红军刘司令亲率大批人马北征，路过此地，愿与彝民的首领结为兄弟时，就欣然答应了。

经过工作团的努力，小叶丹提出结盟，并提出他应当和刘伯承司令员宣誓结为兄弟。刘伯承当即表示：红军和彝族不结盟是兄弟，结盟更是兄弟，共产党人应该做团结的模范。他和聂荣臻等领导商议后，立即骑马来到了约定地点。

结盟仪式开始了，刘伯承和小叶丹并排跪在地上，面前摆着两碗滴过鸡血的清水。小叶丹首先端起碗，郑重地宣誓：

"刘司令和小叶丹，在海子塘边结为兄弟，以后如有改变，同鸡一样的死。"

刘伯承也双手高高地端起碗，宣誓道：

"上有天，下有地……刘伯承愿与小叶丹结为兄弟……"

两人说罢，将血水一饮而尽。

结盟仪式结束后，刘伯承请小叶丹到红军营地大石桥村去。

在小叶丹的帮助下，红军顺利地走过彝族区。

◎故事感悟

红军是个为穷人打天下的战斗群体，一切方针政策都是为中国劳苦大众得解放而制定，这种爱群利群的信念必然能团结受奴役、受压迫的各族人民并取得大多数人的拥护和支持，从而保证党领导的军队无往不胜。

◎史海撷英

七七事变

七七事变，又称卢沟桥事变、七七卢沟桥事变，是1937年7月7日发生在中国北平卢沟桥(亦称芦沟桥)的中日军事冲突，日本就此全面进攻中国。七七事变是日本帝国主义为实现它鲸吞中国的野心而蓄意制造出来的，是全面侵华的开始。

1937年7月7日夜，卢沟桥的日本驻军在未通知中国地方当局的情况下，径自在中国驻军阵地附近举行所谓军事演习，并称有一名日军士兵失踪，要求进入北平西南的宛平县城(今卢沟桥镇)搜查。

中国守军拒绝了这一要求。日军向卢沟桥一带开火，向城内的中国守军进攻。中国守军第二十九军三十七师二百一十九团无奈还击，从此掀开了日中战争的序幕。七七事变后，日本动员几乎全部军事力量，开始全面侵华。

七七事变也是中国全面性抗战的开始，中国在东方开辟了第一个大规模的战场。国共实现第二次合作，红军改编为八路军、新四军。

◎文苑拾萃

结义

雅称义结金兰，俗称结义、换帖等，是民间结为兄弟般关系的一种形式。它源于三国时代的"桃园三结义"，刘备、关羽、张飞三人结为生死与共兄弟的故事。后来，人们崇拜之、继而仿效之，即志趣、性格等相近、互相投缘的人，通过一定的形式，结为兄弟般的关系，生活上互相关心、支持帮助，遇事互相照应。久而久之，遂演变成一种具有人文色彩的礼仪习俗。这是友情的升华与社会关系的一种定格，贯穿着儒家"义"的思想，填充于亲情与友情之间，是一种特殊的社会人际关系。

结义有规范性的礼仪程序，即以自愿为基础，通过协商、同意，选择吉日良辰，在一个大家都认为较适宜的地方，如祠堂等，上挂关公等神像，下摆三牲祭品，即猪肉、鱼、蛋(按人数计算，每人一粒)，以及一只活鸡(男结拜为公鸡，女结拜为雌鸡)，一碗红酒和"金兰谱"(也称立誓言)。"金兰谱"每人一份，按年龄大小为序写上各人名字，并按手印。仪式开始后，每人拿一炷香和"金兰谱"。然后，把鸡宰了，鸡血滴入红酒中，每人左手中指(女人右手)用针尖刺破，把血也滴入红酒中，搅拌均匀，先洒三滴于地上，最后以年龄大小为序，每人喝一口，剩下的放在关公神像前。这种形式，有的也叫"歃血立盟"。

蒙古牧民抚养汉族孤儿

◎鹿得美草，鸣呼其友；九族和睦，不忧饥乏。——《焦氏易林》

乌兰夫（1906—1988），曾用名云泽、云时雨，内蒙古土默特左旗人，蒙古族。

抗日战争时期，任蒙旗独立旅政治部代理副主任，地下党委书记。1938年4月任中共绥蒙工委委员，同年5月任国民革命军新编第三师政治部代理主任。1941年8月赴延安，任延安民族学院教育长、陕甘宁边区政府民族事务委员会主任。

新中国成立后，历任中央人民政府委员，政务院委员，国防委员会委员，中央民族事务委员会党组书记、副主任、主任，中央民族学院院长，华北行政委员会委员，中共中央华北局副书记，中共中央内蒙古分局书记，绥远省人民政府主席。1954年后，历任国务院副总理，中共内蒙古自治区党委第一书记、自治区人民委员会主席，内蒙古军区司令员兼政委，内蒙古大学校长，中共中央华北局第二书记，内蒙古自治区政协主席。1975年、1978年当选为第四届、第五届全国人大常委会副委员长。1978年当选为第五届全国政协副主席。1977年—1982年任中共中央统战部部长。1983年当选为中华人民共和国副主席。1988年当选为第七届全国人大常委会副委员长。

　　1959年，由于天灾人祸，我国出现了严重的经济困难。当时各地粮食歉收，工业生产下降，许多地方的人们都在挨饿；加上又流行各种传染病，好多孩子成了孤儿。那年冬天，上海、江苏、浙江等地几十个孤儿院发来急电，请中央帮助解决困难。因为他们那里粮食不足，孩子们营养不良，许多孩子患上了病。当时全国妇联的领导康克清向周总理汇报了情况，并建议从内蒙古等地调送一些奶粉，以解燃眉之急。为此，他们找到了内蒙古自治区政府主席乌兰夫。

乌兰夫听说了这些情况，也心急如焚。他知道，由于不久前遭受了重大自然灾害，内蒙古的许多乳品厂都关门了，一时之间到哪里去找那么多奶粉？但他想，一定得想办法救助这些孩子，让他们健康成长。为了解决这一问题，他立刻赶回呼和浩特，同自治区其他领导商量。大家都认为，如果调运奶粉，一则目前实在困难，二则只能解决一时困难，绝非长久之计。正感发愁，自治区副主席吉雅泰忽然说："我倒有个主意，就是将这些孤儿们都接到内蒙古来，分配给牧民抚养。"

乌兰夫听了，十分高兴，说："这的确是个好办法。因为历史原因和卫生条件不好，牧民们大多缺少儿女，非常喜欢小孩子。如果能把这些孤儿送给他们抚养，既解决了上海等地区的负担，又解决了牧民们缺少儿女的问题，一举两得，对自治区的发展建设也大有好处。"大家都表示赞同这一提议，于是就报告了中央。

若将孤儿们接来牧区，将来他们就算是蒙古族的后代了。考虑到国家的民族政策问题，乌兰夫又向周总理请示。没想到，周总理非常爽快地表示同意，并指示他们抓紧时间行动。

之后，内蒙古自治区成立了专门机构，认真细致地部署各项工作。又与上海等地积极联系，密切合作，将年龄较大、身体健康的孩子直接送到牧区，其他的先在集宁、锡林浩特等地治病，然后再分送各地，并动员牧民做好接纳工作，让孩子们吃好穿暖。牧民们高高兴兴地领走了各地来的孤儿，热情照顾他们。这些汉族孤儿在蒙古族父母的精心抚育下健康成长，成了国家的有用人才。

◎故事感悟

不管是汉族还是蒙古族，都是中华民族大家庭的成员，在困难面前携起手来共同努力，就能渡过难关。

◎史海撷英

"三年困难"时期

　　1959年到1962年，是共和国历史上的"三年困难"时期。三年困难时期是由于大跃进运动以及牺牲农业发展工业的政策所导致的全国性粮食短缺和饥荒。在农村，经历过这一时期的农民称之为过苦日子、过粮食关、歉年。中华人民共和国官方在20世纪80年代以前则多称其为三年自然灾害，后改称为三年困难时期。

◎文苑拾萃

《三年困难纪事1959—1961》

　　作者：郑玉琢、潘永修。本书属纪实文集，是中国大陆五十年来第一部公开披露1959年至1961年三年困难时期社会生活真实状况的著作。本书以回忆录形式收录了近百位亲历三年困难时期见证人的近百篇文章，从不同侧面展示了三年困难时期艰难困苦的生活和艰苦卓绝的奋斗，实为一部不可多得的好书！

　　对于青少年来说，本书是一部很好的历史教材，能够使他们懂得今天的建设成就来之不易，从而更加珍惜现在的幸福生活，齐心协力，战胜一切困难，实现中华民族的伟大复兴。

汉藏人民团结的纽带

◎单个的人是软弱无力的，就像漂流的鲁滨逊一样，只有同别人在一起，他才能完成许多事业。——叔本华

文成公主（？—680），唐朝宗室之女。汉族。自幼受家庭影响学习文化，知书达理。信仰佛教。贞观十四年（640年）藏族的赞普松赞干布遣使至唐，献礼求婚，唐太宗遂将文成公主许嫁，从而加强了西藏与内地的联系，实现了汉藏民族的团结和睦。

昔日，唐朝文成公主带着汉族人民的友好情谊进入吐蕃同松赞干布联姻，致力于唐蕃和好，谱写了汉藏两族人民友谊团结的历史篇章。随着青藏铁路的修建，在青藏铁路沿线同样上演着一幕幕动人的故事。

藏北高原藏羌之乡环境很美丽，可是世世代代居住深山的藏族牧民却很贫困。而且由于观念滞后，尤其对教育的重要性认识不够，使得附近藏族学校生源严重不足。建校初期，部分家长为了眼前的利益让孩子放牧，不许上学。特困孩子们不能去学校上学，这件事深深地撞击着人们的心扉。

"让孩子们重返课堂！"中铁十八局集团青藏铁路建设者2001年喊出了这个口号。从那时起十八局集团青藏铁路指挥部多次派出了宣传调研小组，利用节假日深入村寨，采取一组帮一户、定点挂钩等方法，给群众宣传《教育法》、普及九年制义务教育政策，说服，动员适龄儿童接受教育。

本地有一所中学，安多中学，建在县城南边的一个半山坡上，校舍沿山坡成阶梯状而建。受地形影响，没有供学生活动的操场，从建校那天起，学生就没有上过体育课。中铁十八局负责这个项目的领导知道后，利用施工间

隙时间，派出推土机、平地机、压路机为学校平整了一个大操场。并派出工人对校舍进行了修缮，用废弃砖块修砌了乒乓球台，用铁管安装了单杠和双杠。职工们还捐钱为学校购买了篮球、乒乓球拍等体育用品，并多次购买了面粉、苹果、收音机等物品捐赠给牧民，帮助他们解决一点生活上的实际困难。

孩子终于上学了，但这些劳动力较少、经济收入微薄的家庭，又成了中铁十八局职工们的"心病"。"只有让群众脱贫致富后，教育才能得到真正发展！"十八局集团青藏指挥部考虑到当地群众利益，将自己检验合格的一个片石场与那曲地区"扶贫开发有限公司"合作开采，另外加一个砂、石料场也由安多县政府出面把群众搞的分散作坊式生产组织起来，实现了砂石料生产的规模化、机械化。既满足了质量要求，也满足了当地群众为铁路建设作贡献的愿望。中铁十八局还主动帮助他们接收外界的信息，学文化知识，尽快脱贫。指挥部领导还在驻地吸收了几百名藏族协议工，带领他们学一些建筑施工基本技能，帮助他们走上致富的道路。

对参加青藏铁路建设的藏族同胞，筑路大军更是倍加关心。他们让所有藏族劳务工都住进了高档次的高原帐篷，为他们配置消毒碗柜、煤气炉具，甚至锅碗瓢盆都为他们准备齐全，所有卧具都与正式职工一样，依照"高标准"统一配备。在这里，藏族劳务协作工与正式职工同劳保、同医疗。藏族工人来到工地后，十八局还认真研究了他们的工作和生活情况，在生活上尊重和满足他们的传统风俗、生活习惯，为他们开设了专门的食堂，使他们吃上糌粑，喝上酥油茶。一位来自格尔木的民工说："我在其他工地做过工，从没有盖过这么好的被子，没睡过这么舒服的床，没吃过这样可口的饭菜。"

同时，这个项目部还对他们进行法律法规、规章制度、施工技术、安全知识等方面的教育培训，帮助他们学技术、学文化，并在工作上合理安排，使这批藏族民工很快从传统的藏族牧民转变成训练有素的现代工人。

在格里贡山石渣场附近，住着一户藏族人家。这一家7口人住在离县城50多公里的山坳里，过着近乎原始的生活。那里的人均年收入不足300元，大风一起沙尘遮天蔽日，小孩不能上学，妇女不能做饭。家里的小儿子说，能每天背着书包上学，吃的饭里没有沙子，是他最大的愿望。十八局在这里开办石渣场后，把电专门送到他家，全家人就像盲人见到了太阳，高兴得一夜没有睡觉。

由于中铁十八局集团所处的九标、十八标处于平均海拔4800米，属无人区，沿线河流纵横、沼泽密布，陷人陷车成为家常便饭，有时车一陷就是几个小时。草原上放牧的藏民看到这种情况都会主动来帮助推车，实在不能脱险的，藏族同胞也会毫不吝惜地把他们身上仅有的食品捐献给十八局的职工。

千百年来，唐蕃古道作为祖国内地通往西南边陲的大道，像是一条情谊缠绵的纽带，联结着藏汉人民友好团结的感情。

如今，藏汉"一家亲"的故事还在继续。

◎故事感悟

青藏铁路沿线随着青藏铁路顺利推进会继续兴盛下去。青藏铁路不仅是一条站驿相连、商贾云集的交通大道，还是促进藏汉团结的纽带，传颂着藏汉人民友好往来的动人佳话。

◎史海撷英

青藏铁路

青藏铁路是中国实施西部大开发战略的标志性工程，也是中国新世纪四大工程之一。东起青海省省会西宁，西至西藏自治区首府拉萨，全长1956公里。其中，西宁至格尔木段814公里已于1979年铺通，1984年投入运营。青藏铁路格尔木至拉萨段，北起青海省格尔木市，经纳赤台、五道梁、沱沱河、雁石坪，翻越唐古拉山，再经西藏自治区安多、那曲、当雄、羊八井，至拉萨，全长1142公里，其中新建线路1110公里，于2001年6月29日正式开工。青藏铁路是当今世界海拔最高、线路最长的高原铁路。

◎文苑拾萃

藏族民歌

正月十五那一天，
文成公主答应来西藏。
莲花大坝不用怕，
有百匹善走骏马来接你。
高山连绵不用怕，
有百头力大犏牛来接你。
大河条条不用怕，
有百只黑色皮船来接你。
来到拉萨的"拉通"渡口时，
有百条马头木舟来接你。
来到拉萨的"吾吉"滩时，
有百辆双轮马年来接你。
来到拉萨的"东孜苏"时，
有百名英俊青年来接你。
来到"卡阿东"的山脚时，
有百名美丽姑娘来接你。
来到布达拉红宫时，
有百名亲信大臣来接你。
今天公主来到西藏，
好像狮子进入大森林，
好像孔雀飞落大平原，
好像不落的太阳升起，
西藏从此幸福又繁荣，
这是汉藏友好的象征。

祝松赞干布身体健康，

祝文成公主平安福馁，

祝西藏人民幸福安乐，

今天真是三喜临门啊！

    这首歌记录了藏族人民热烈欢迎文成公主的场面，以高昂的激情歌颂了文成公主入藏的史实，充分表达了藏族人民对文成公主的热爱和汉藏两族友好联姻、团结互助的重视和珍惜心情。歌中接连用了三个"不用怕"和八个"来接你"的排比句子，更把这种感情推向了高峰，给人留下很深的印象。歌中明确地把文成公主入藏的事件提高到是"汉藏友好的象征"这样的高度来认识，充分显示了藏族人民对历史的正确理解和判断。歌中提到的"红宫"，大家知道红宫是17世纪五世达赖时，由第巴桑结嘉错修建的。所以，可知这首歌产生较晚或者歌虽产生较早，而在流传中，由后来的传唱者加入了"红宫"一词。

ZHONGHUACHUANTONGMEIDEBAIZIJING

中华传统美德百字经

群·爱群利群

第二篇

无敌于天下

同坐一条船渡海

◎人心齐，泰山移。——民谚

> 孙武（前535—前470），字长卿，后人尊称其为孙子、孙武子、兵圣、百世兵家之师、东方兵学的鼻祖。汉族。春秋时期齐国乐安（今山东省广饶县）人。曾以《兵法》十三篇见吴王阖闾，受任为将。领兵打仗，战无不胜，与伍子胥率吴军破楚，五战五捷，率兵三万打败楚国二十万大军，攻入楚国郢都。北威齐晋，南服越人，显名诸侯。所著《孙子兵法》十三篇是我国最早的兵法，被誉为"兵学圣典"，置于《武经七书》之首，被译为英文、法文、德文、日文等多国文字，成为国际上最著名的兵学典范之书。

春秋末期，齐国人孙武协助吴王指挥吴国军队打败了强大的楚国。吴国因此威震诸侯，孙武也成为远近闻名的军事家。

有人向孙武请教："怎样用兵布阵才能不被敌人击败呢？"

孙武回答说："军队要像蛇一样。我们知道，蛇有很强的自卫能力，你如果打蛇的脑袋，它就会用尾巴反击你；你去打蛇的尾巴，它又会用头攻击你，用毒牙咬伤你；可你如果是打蛇的腰部，它则会用头和尾一起来攻击你。这种蛇反击猎人的方法，也可以运用于排兵布阵之中。我们把军队摆成蛇一样的阵式，使全军融为一体，前、中、后能互相援助，彼此照应，才不会被敌人攻散，才能防如铁堡，攻无不克。"

那个人又进一步请教孙武说："军中的将士们能够自觉地做到那种合为一体、互助互援吗？用什么方法才能使他们团结起来呢？"

孙武笑着回答他说："以前有一个吴国人和一个越国人，他们关系非常不友好，平日里矛盾重重，严重的时候都恨不得吃掉对方。但是当他们两人同坐一条船渡海时，遇到了狂风恶浪，眼看就有船毁人亡的危险。这时，他们一定会互相伸出援手。这就如同一个人的左手右手，在遇到困难时，即使有再大的仇恨也会化干戈为玉帛，同心协力，同舟共济，救对方于水火之中。你想想看，两个仇人尚且这样，更何况共同征战疆场多年的军中将士，他们无冤无仇，亲如手足，一人有难定会众人齐上阵。所以你根本不必为此担心，战势危急时刻，军中将士们一定会形成一体，首尾呼应，彼此援助的。"

那个提问之人听了孙武的一番话，深感大受启发，对用兵之事有了新的认识，也对孙武更加佩服了。

◎故事感悟

作战时，只要军队团结得像一条蛇一样，前、中、后互相援助，就不会被敌人攻破，就能战无不胜。军队是如此，其他组织也是如此。这就是群体的优势。

◎史海撷英

柏举之战

柏举之战是公元前506年（周敬王十四年）吴国与楚国在柏举（今湖北省麻城市境内）发生的一场战争。此战吴国以少胜多，大败楚国。

吴、楚鸡父之战后，两国争夺江淮霸权的斗争日益加剧。周敬王十四年（公元前506年），楚攻蔡国（今中国中部河南新蔡），蔡向吴求救，吴乘机倾全力攻楚。当时，楚国虽地广兵多，但已丧失淮水流域战略要点，且吴国多年分兵轮番击楚，已使楚疲于奔命，国力耗损。居于楚北侧的蔡唐（今湖北随州西北）两国，不堪楚国横暴勒索，自愿助吴攻楚。吴国决定避开楚国正面，从其守备薄弱的东北部实施迂回奔袭，直捣腹地。

那年冬天，吴王阖闾率其弟夫概及谋臣武将伍员、孙武等，挥军沿淮水西进。楚国国君楚昭王急率军赶至汉水西岸抵御，并按照谋士沈尹戌的建议，由子常坚守汉水西岸，正面牵制吴军；沈尹戌则北上率方城（今河南方城县境）一带楚军，迂回至吴军侧后，断其归路，尔后与子常军实施前后夹击。但子常贪功，不待沈尹戌军完成迂回行动，擅自率主力渡汉水列阵。吴军鉴于楚军势盛，并为免遭前后夹击，即由汉水东岸后退。子常企图速胜，紧追吴军，在小别（山名，今湖北汉川东南）至大别（今湖北境大别山脉）间，三战不利，锐气受挫。

11月18日，吴军在柏举迎战楚军。楚军一触即溃，阵势大乱。阖闾先是谨慎而不同意夫概先发制人，待见突击成功，迅即投入主力，乘势扩张战果。子常惊惶失措，惨败溃逃。后来吴军攻入楚都郢城（今湖北江陵西北），楚昭王逃奔随国（今湖北随州），后求得秦国出兵援救，楚国才免于灭亡。

柏举之战是春秋末期一次规模宏大、影响深远的大战，史学家称它为"东周时期第一个大战争"。柏举之战也是中国战争史上以少胜多的著名战例。战国时期的军事家尉缭子曾赞道："有提三万之众，而天下莫当者谁？曰武子也。"

◎文苑拾萃

《孙子兵法》

又称《孙武兵法》、《吴孙子兵法》、《孙子兵书》、《孙武兵书》等，英文名为《The Art of War》。是中国古典军事文化遗产中的璀璨瑰宝，中国优秀文化传统的重要组成部分，世界三大兵书之一〔另外两部是《战争论》（克劳塞维茨）和《五轮书》（宫本武藏）〕，其内容博大精深，思想精邃富赡，逻辑缜密严谨。作者为春秋末年的齐国人孙武。

《孙子兵法》是从战国时期起就风靡流传的军事著作，古今中外的军事家们都使用其中论述的军事理论来指导战争，而且，其中论述的基本理论和思想还被运用到了现代经营决策和社会管理方面。

刘邦总结平天下

◎众人拾柴火焰高。——民谚

汉高祖刘邦（前256—前195），字季，沛郡丰邑中阳里（今江苏丰县）人，起兵于沛（今江苏沛县），汉族。秦朝时曾担任泗水亭长，在秦末农民战争中起义，登高一呼，天下英雄云集于麾下，称"沛公"。公元前206年被义军盟主项羽封为汉王，封地为汉中、巴蜀（因此在战胜项羽后建国时，国号定为"汉"）。

公元前202年到公元前195年在位，共八年。庙号为太祖，谥号高皇帝，因司马迁在《史记》中称其为汉高祖，后世多沿用此。

项籍（前232—前202），字羽，通常被称作项羽，中国古代著名将领及政治人物，汉族，秦下相（今江苏省宿迁市宿城区）人。秦末时被楚怀王熊心封为鲁公，在前207年的决定性战役巨鹿之战中统率楚军大破秦军。秦亡后自封"西楚霸王"，统治黄河及长江下游的梁楚九郡，后在楚汉战争中为汉高祖刘邦所败，在乌江（今安徽和县）自刎而死。项羽的勇武古今无双（古人对其有"羽之神勇，千古无二"的评价），他是中华数千年历史上最为勇猛的将领，"霸王"一词，专指项羽。

楚汉战争持续了四年多，最后以项羽失败乌江自刎而告终。刘邦取得了完全胜利，统一了全国，建立了汉王朝。

登基后，刘邦采取休养生息的宽松政策，不仅安抚了人民，凝聚了力量，也促成了汉代雍容大度的文化基础。可以说刘邦使四分五裂的中国真正地统一起来，而且还逐渐把分崩离析的民心凝集起来。他对汉民族的统一、中国的统一强大、汉文化的保护发扬作出了决定性的贡献。

关于楚汉战争的成败，项羽和刘邦各自有不同的说法。

垓下之围，楚霸王项羽一败涂地。突围出来以后，部属仅剩下28名骑兵，这时他对部属说："吾起兵八岁矣，身经70余战，所当者破，所击者服，未尝败北，遂霸有天下。然今卒困于此，此天之亡我，非战之罪也！"接着，他又说道："今日固决死，愿为诸君快战，必三胜之，为诸君溃围、斩将、刈旗，令诸君知天亡我，非战之罪也。"项羽当即呐喊着冲杀过去，一连斩了几员汉将。汉军吃惊散开，纷纷倒退。项羽最后来到乌江边上。乌江亭长驾着船请他渡江，项羽却不肯渡江，笑道："天之亡我，我何渡为？"于是自刎而死。项羽临死前，一再对人说是"天之亡我"，可见他是把失败的原因归之于天命，并不认为自己有什么失误。

可是刘邦却另有一种说法。汉王朝建立以后，有一次，刘邦在洛阳南宫大宴群臣，在席上谈了自己的看法。他赞扬了张良、萧何和韩信三人的才干和功劳，说："此三者，皆人杰也，吾能用之，此吾所以取天下也。项羽有一范增而不能用，此其所以为我擒也。"刘邦认为，成败的关键在于能否识别人才、团结一心。

项羽把一切归于"天命"，显然是错误的。而刘邦的说法倒还有几分道理。后来汉代的学者扬雄，在他写的《法言·重黎》这篇文章中评论刘邦的成败时，也不同意项羽的说法。他认为，楚、汉相争，之所以汉胜楚亡，是因为"汉屈群策，群策屈群力"。屈，是尽或竭的意思。扬雄这句话是说，汉高祖刘邦能够尽量发挥体效应群，是利用众人的智谋、才干和力量。而项羽却只凭一己的"匹夫之勇"，没有充分调动部属的积极性，采纳他们的建议和发挥他们的力量，这才是项羽失败的主要原因，而不是什么"天之亡我"。后人把扬雄的这句话，概括为一句成语，叫做"群策群力"，形容广大群众积极献计，大家共同出主意，一致贡献力量。

◎故事感悟

项羽勇冠三军，刘邦才艺平平，二人不能相提并论。项羽只道匹夫之勇，而刘邦则依靠有效率的群体力量。最终项羽自刎乌江，刘邦建立汉朝，这对比真触目惊心。中国先哲对群体效应的认识多么深刻呀！

◎史海撷英

楚汉之争

秦王朝灭亡后，刘邦和项羽展开了争夺最高统治权的斗争。项羽以其强大的兵力自立为西楚霸王，据九郡，都彭城（今江苏徐州）；封刘邦为汉王，据巴、蜀，汉中。另外，还封有功的十七人为王。继之东进。自此，刘、项展开了历时四年之久的楚汉之争。汉二年（前205年）夏，刘邦曾一度率军攻破彭城。后项羽回师大败刘邦，汉军伤亡惨重，以致"睢水为之不流"。刘邦父和妻吕雉当了项羽的俘虏。之后在荥阳、成皋（今河南荥阳）间展开了拉锯式的战争。汉四年双方约定以鸿沟为界，东属楚，西属汉。项羽归还刘邦的父和妻。约后，项羽罢兵东归。而刘邦却采纳了谋臣张良、陈平的建议，乘楚军东归之机约韩信、彭越等合围，于汉五年十二月（前202年），在垓下（今安徽灵璧南）发动总攻击。项羽在四面楚歌中溃逃，最后在乌江（今安徽和县东北）自刎。同年，刘邦即皇帝位，建立了汉朝。

◎文苑拾萃

汉乐府

即汉代的乐府民歌。亦称乐府诗。乐府是自秦代以来设立的配置乐曲、训练乐工和采集民歌的专门官署。汉乐府指由汉时乐府机关所采制的诗歌。这些诗，原本在民间流传，经由乐府保存下来，汉人叫做"歌诗"，魏晋时始称"乐府"或"汉乐府"。后世文人仿此形式所作的诗，亦称"乐府诗"。

汉乐府掌管的诗歌一部分是供执政者祭祀祖先神明使用的效庙歌辞，其性质与《诗经》中"颂"相同；另一部分则是采集民间流传的无主名的俗乐，世称之为乐府民歌。

汉乐府是继《诗经》之后，古代民歌的又一次大汇集，它在《诗经》之后又一次开创了诗歌现实主义的新风。汉乐府民歌中女性题材作品占重要位置，它用通俗的语言构造贴近生活的作品，由杂言渐趋向五言，采用叙事写法，刻画人物细致入微，创造人物性格鲜明，故事情节较为完整，而且能突出思想内涵，着重描绘典型细节，开拓叙事诗发展成熟的新阶段，是中国诗史五言诗体发展的一个重要阶段。

《陌上桑》和《孔雀东南飞》都是汉乐府民歌，后者是我国古代最长的叙事诗，《孔雀东南飞》与《木兰诗》合称"乐府双璧"。

宋人郭茂倩所编《乐府诗集》100卷，是收罗汉迄五代乐府最为完备的一部诗集。《乐府诗集》现存汉乐府民歌40余篇，多为东汉时期作品，广泛而深刻地反映当时底层人民日常生活的艰难与痛苦，具有浓厚的生活气息，表现了激烈而直露的感情，形式朴素自然，句式以杂言和五言为主，语言清新活泼，长于叙事铺陈，为中国古代叙事诗奠定了基础。

祖逖恩信使民

◎谁要是蔑视周围的人，谁就永远不会是伟大的人。——格言

祖逖（266—321），字士稚；范阳道县（今河北涞水）人。晋朝著名将领。祖逖家是北方一个官僚大族，祖上世代担任高官。祖逖自幼丧父。父亲祖武，曾任上谷太守。

祖逖性格旷达，不受拘束。祖逖到十四五岁尚不肯学习，兄长们都为他担忧。不过，祖逖轻财好施，慷慨任侠，注重节操。每当到田庄上去，往往佯称兄长意旨，散发一些谷帛接济生活困苦的乡亲，因此博得宗族乡里的敬重。

永嘉之乱后，祖逖率亲党数百家渡江，居于京口。在东晋建国前，他就向司马睿请求北伐，被任为豫州刺史。建兴元年（313年）祖逖率部曲百家渡江，中流击楫，发誓收复中原。当时中原郡县系统已经崩溃，到处都是坞堡，祖逖采取灵活策略，招抚坞堡，屡破石勒，使黄河以南尽为晋土。当祖逖练兵积谷，为进取河北做准备时，晋元帝司马睿担心祖逖的发展对他不利，遂任戴渊为征西将军，都督北方六州军事，节制祖逖。祖逖眼看北伐无成，忧愤成疾，死于军中。

祖逖在率兵攻取谯国、陈留以后，采取了许多辅助于军事的感化手段。这是战胜敌人所必需的，也是反映一位军事将领政治及军事能力的重要方面。

当时，活动在黄河以南还有赵固、上官巳、李矩、郭默等几支较大的坞堡势力。他们的力量不相上下，常相争战，互不联合。祖逖进驻雍丘后，立

即派出使者深入到他们之间，晓以利害，做了大量说服劝解工作。这些坞主十分感动，很快便停止了争斗，情愿接受祖逖节制。除此之外，散布在黄河南岸的还有许多势力弱小的坞堡组织。过去由于他们常常受到石勒的打击，不能自持，曾表示降附石勒。许多坞主的儿子被迫送到襄国作人质。祖逖兵入豫州、兖州后，这些人顾虑重重不敢接近晋军。祖逖知道后，就明确宣布：凡儿子在襄国者，"皆听两属"。就是说，准其在附属晋军的同时，表面上仍附石勒。有时，祖逖故意派出小支游军，佯击这些坞堡组织，向石勒表明他们没有归顺晋军。这些坞主既免除了儿子在襄国被害的担心，又得到了祖逖的扶植，万分感激。所以只要石勒一有异谋，他们就急忙向祖逖报告，使晋军时刻掌握着石勒的动向，战略上总居主动，常获胜仗。对于战场上捕获的石勒降卒，祖逖还采用优待的办法。一次，他的巡逻兵在营外俘获一个石勒辖区的人，祖逖亲令加以款待，晓以大义，放其回返。此人回去后积极宣传祖逖的恩德，不久率乡里五百家降逖。尔后"勒镇戍归附者甚多"。

祖逖在率兵北伐期间，生活俭朴，团结部下，"其有微功，赏不逾日"。他还和士卒一起不失农时，参加生产，出外打柴，以解决军需不足的困难，振兴中原经济。对于那些死于战乱的百姓遗骨，他总是命令部下妥加收葬，并且为之焚香祭奠。中原父老对祖逖的行为感激涕零，称他为再生父母。当时民间流行着一首歌谣：

　　幸哉遗黎免俘虏，三辰既朗遇慈父。
　　玄酒忘劳甘瓠脯，何以咏恩歌且舞。

以此来盛赞祖逖的恩德。可见，祖逖把自己的军事行动和百姓利益紧紧结合在一起是深得民心的。

祖逖在河南各州郡的影响及其势力的迅速发展，使石勒望而生畏。这时，石勒正与东晋幽州刺史战于厌次（山东无棣县境），无力南顾。他特别惧怕祖逖北上抄其后路。为避免两面作战，他千方百计地讨好祖逖。元帝大兴三年（320年）七八月间，石勒派人"下幽州为逖修祖、父墓，置守冢二家"；又亲自致书祖逖，"求通使及互市"。甚至逖军逃往襄国的降卒，石勒都不敢接纳，反而斩之将首级献与祖逖。还趁机讨好祖逖说："叛臣逃吏，吾之深仇，将军之恶，犹吾恶也。"

石勒主动和好的政策，给了祖逖休兵养民整军备战的机会。对于石勒"互市"的要求，祖逖表面上不作答复，暗里却大力发展黄河南北的民间贸易。这样一来，在祖逖控制的黄河以南，收利十倍于前，经济得到了迅速恢复，"公私丰赡，士马日滋"，为军事上大举北进打下了良好基础。所以，后人在评价祖逖这一行动时指出：祖逖"不报书，而听其互市，可谓善谋"，还说这种准其互市的做法是"两军相距，赡财用、杜奸人之善术，用兵者不可不知也"。

祖逖配合军事行动的种种政治措施，具有很大感召力。短短三四年的时间，东起兖州各郡，西至司州的河南、荣阳等郡县，即函谷关以东的整个黄河南岸地区基本被平复了。

◎故事感悟

祖逖懂得民心的重要，他团结军民，优待降将，所以产生了很大的感召力，最后取得了战争的胜利，平复了整个黄河南岸地区。

◎史海撷英

八王之乱

八王之乱是西晋皇族争权夺利的祸乱。晋初的统治者根据他们篡夺曹魏政权的经验，而大封宗室，并授封国以军政大权。这些诸侯王国逐渐形成晋朝内部强大的割据势力。公元291年（永熙二年），晋惠帝司马衷即位，贾后南风为了与辅政的外戚杨骏争权，便勾结楚王司马玮杀骏，以汝南王司马亮辅政。不久，贾后又使玮杀亮，再以杀亮之罪杀玮。赵王司马伦、齐王司马冏起兵入宫杀贾后，司马伦还废惠帝称帝。成都王司马颖又起兵反伦，复惠帝位，因为大司马掌朝政。

长沙王司马乂又起兵杀同。河间王司马颙又起兵杀乂，废成都王司马颖。东海王司马越又起兵反颙，颙使颖领兵拒越，结果颖、颙都兵败被杀。公元306年（永兴三年）惠帝死，怀帝司马炽即位，司马越辅政，八王之乱始告结束。

长达16年的统治阶级内部混战，严重地破坏了社会经济，从而爆发了各族人民的大起义，致使腐朽的西晋灭亡。

◎文苑拾萃

闻鸡起舞

晋朝的祖逖是个胸怀坦荡、具有远大抱负的人。可他小时候却是个不爱读书的淘气孩子。进入青年时代，他意识到自己知识的贫乏，深感不读书无以报效国家，于是就发奋读起书来。他广泛阅读书籍，认真学习历史，从中汲取了丰富的知识，学问大有长进。他曾几次进出京都洛阳，接触过他的人都说，祖逖是个能辅佐帝王治理国家的人才。祖逖24岁时，曾有人推荐他去做官。他没有答应，仍然不懈地努力读书。

后来，祖逖和幼时的好友刘琨一起担任司州主簿。他与刘琨感情深厚，不仅常常同床而卧，同被而眠，而且还有着共同的远大理想：建功立业，复兴晋国，成为国家的栋梁之才。

一次半夜里，祖逖在睡梦中听到公鸡的鸣叫声，他一脚把刘琨踢醒，对他说："别人都认为半夜听见鸡叫不吉利，我偏不这样想。咱们干脆以后听见鸡叫就起床练剑如何？"刘琨欣然同意。于是他们每天鸡叫后就起床练剑，剑光飞舞，剑声铿锵。春去冬来，寒来暑注，从不间断。功夫不负有心人，经过长期的刻苦学习和训练，他们终于成为能文能武的全才，既能写得一手好文章，又能带兵打胜仗。祖逖被封为镇西将军，实现了他报效国家的愿望；刘琨做了都督，兼管并、冀、幽三州的军事，也充分发挥了他的文才武略。

流民大营

◎一则多力，多力则强，强则胜物。——《荀子》

李特（？—303），字玄休，巴西宕渠（今四川渠县东北）人，十六国时期成汉武帝李雄之父，性格雄武沉毅。父李慕。与兄弟李庠、李流率流民徙居巴蜀。301年因益州刺史罗尚的压迫起义，罗尚率三万官军偷袭义军绵竹大营，被李特将计就计杀得大败。攻克广汉后，与民约法三章，获得民心。罗尚表面上派使者向李特求和，暗地里勾结当地豪强势力，围攻李特。李特在奋勇抵抗之后，战败牺牲。其弟李流继统余众，自称大将军、大都督、益州牧。义军败而复振，不久亦病故。宴平元年，公元306年，成都王李雄称帝，追谥李特景皇帝，庙号始祖。

　　西晋的腐朽统治和混战给百姓带来无穷无尽的灾难，加上接连不断的天灾，许多地方的农民没有粮吃，被迫离开自己的故乡，成群结队到别的地方逃荒。这种逃荒的农民叫做"流民"。

　　公元298年，关中地区闹了一场大饥荒，略阳（治所在今甘肃天水东北）、天水等六郡十几万流民逃荒到蜀地。有一个氐族人李特和他兄弟李庠、李流，也跟着流民一起逃荒。一路上，流民中间有挨饿的、生病的，李特兄弟常常接济他们，照顾他们。流民都很感激、敬重李特兄弟。

　　蜀地离中原地区比较远，百姓生活比较安定。流民进了蜀地后，就分散在各地，靠给富户人家打长工过活。

　　然而益州刺史罗尚却要把这批流民赶回关中去，他们还在要道上设立关卡，准备抢夺流民的财物。

流民们听到官府要逼他们离开蜀地，想到家乡正在闹饥荒，回去也没法过日子，人人都发愁叫苦。

流民们就向李特诉苦，李特几次向官府请求放宽遣送流民的限期。流民听到这个消息，感戴李特，纷纷投奔他。

李特在绵竹地方设了一个大营，收容流民。不到两个月，流民越聚越多，约有两万人。他的弟弟李流也设营收容了几千流民。

李特收容流民之后，派使者阎彧去见罗尚，再次请求缓期遣送流民。

阎彧来到罗尚的刺史府，看到那里正在修筑营寨，调动人马，知道他们不怀好意。他见了罗尚，说明了来意。罗尚对阎彧说："我已经准许流民缓期遣送了，你回去告诉他们吧！"

阎彧直爽地对他说："罗公听了别人的坏话，看样子恐怕不会饶过他们。不过我倒要劝您，不要小看了老百姓。百姓看起来是软弱的，您若逼得他们无路可走，众怒难犯，只怕对您没有好处。"

罗尚假惺惺地说："我不会骗你，你就这样去说吧！"

阎彧回到绵竹，把罗尚那里的情况一五一十告诉李特，并且对李特说："罗尚虽然这样说，但是我们不能相信他，要预先防备。"

李特也怀疑罗尚的话不可靠，立刻把流民组织起来，准备好武器，布置阵势，准备抵抗晋兵的进攻。

到了晚上，罗尚果然派部将带了步兵、骑兵三万人，偷袭绵竹大营。

晋军进入李特的营地，李特故意镇静自若躺在大营里。晋将自以为得计，一声号令，叫兵士猛攻李特大营。

三万晋军刚进了营地，只听得四面八方响起了一阵震耳的锣鼓声。大营里预先埋伏好的流民手拿长矛大刀，一起杀了出来。这批流民勇猛无比。一个抵十个，十个抵百个。晋军没有料到流民早有准备，心里一慌，已经没有斗志，被流民杀得丢盔弃甲，四处逃窜。两三个晋将逃脱不了，被流民们杀了。

流民们杀散晋军，知道晋朝统治者不会罢休，就请求李特替他们做主，领导他们抗击官府。

李特和六郡流民首领一商量，大家推李特为镇北大将军，李流为镇东将军，几个流民首领都被推举为将领。他们整顿兵马，军威大振。过了几天，就攻下了附近的广汉，赶走了那里的太守。

李特进了广汉，学汉高祖刘邦的样子，宣布约法三章，打开了官府的粮仓，救济当地的贫苦百姓。流民组成的军队在李特的领导下，纪律严明。蜀地的百姓平时受尽晋朝官府的压迫，现在来了李特，生活倒安定起来，怎么能不高兴。民间编了一个歌谣说："李特尚可，罗尚杀我。"

罗尚表面上派使者向李特求和，暗地里勾结当地豪强势力，围攻李特。李特在奋勇抵抗之后，战败牺牲。后来，他的儿子李雄继续率领流民战斗，到了公元304年，李雄自立为成都王。过了两年，又自称皇帝，国号成。后来到李雄侄儿李寿在位时，改国号为汉。所以历史上又称"成汉"。

◎故事感悟

人们团结起来的力量是不可战胜的，任何朝代都是如此。当老百姓被逼无奈之时，他们总会团结在一起，为自己的生存而奋战。

◎史海撷英

淝水之战

淝水之战是东晋击败前秦苻坚的著名战役。公元383年（晋太元八年），前秦苻坚强征汉、羌、氐、鲜卑等族人民，组成九十万大军，大举南下，企图大举消灭东晋，统一全国。前锋直抵安徽寿阳，东晋宰相谢安派谢石、谢玄领兵八万迎战。部将刘牢之在洛涧（今安徽怀远）击破秦军前哨，坐镇寿阳的苻坚，登城见晋军军容严整，又见八公山上的草木，以为都是晋军。晋军进抵淝水东岸，遣使秦营要求秦军后撤，待晋军渡河登岸后决战，苻坚指挥军队稍退，想乘晋军半渡之机消灭之。而被强征的各族士兵不愿作战，鲜卑和羌族的将领都希望苻坚战败，以便重新割据。在襄阳被俘的晋将朱序借秦军后撤之机，大喊秦军已败，于是秦

军大溃,相互践踏致死者,不计其数。晋军乘机追杀,秦军在逃亡中闻风声鹤唳,都以为是晋的追兵。结果晋军大胜,秦军大败。前秦政权迅速瓦解,北方又重新陷于分裂割据状态。这是我国历史上以少胜多的战例之一,也是"风声鹤唳,草木皆兵"这一成语的来历。

◎文苑拾萃

世说新语

《世说新语》是我国南朝宋时期(420—581)产生的一部主要记述魏晋人物言谈轶事的笔记小说。在流传过程中,《世说新语》出现了多个书名,如《世说》、《世说新书》、《新语》、《世说新语》等。此书是由南朝刘宋宗室临川王刘义庆(403—444)组织一批文人编写的,梁代刘峻作注。全书原八卷,刘孝标注本分为十卷,今传本皆作三卷,分为德行、言语、政事、文学、方正、雅量等三十六门,全书共一千多则,每则文字长短不一,有的数行,有的三言两语,记述自汉末到刘宋时名士贵族的逸闻轶事,主要为有关人物评论、清谈玄言和机智应对的故事。书中所载均属历史上实有的人物,但他们的言论或故事则有一部分出于传闻,不尽符合史实。

《世说新语》善用比较、比喻、夸张与描绘的文学技巧,不仅保留下许多脍炙人口的佳言名句,更为全书增添了无限光彩。主要记叙了东汉末年至南北朝时期士大夫的生活和思想及统治阶级的情况,反映了魏晋时期文人的思想言行和上层社会的生活面貌,记载颇为丰富真实。这样的描写有助于读者了解当时士人所处的时代状况及政治社会环境,更让我们明确地看到了魏晋的风貌。

周德威识大局释前嫌

◎吾之于斯人也，犹兄弟也；其同处于天地间也，犹同寝于帐之内也。彼我同乐，彼我同戚，此天地生人之道，君子尽性之实功也。——唐甄《潜书·良功》

　　周德威(？—918)中国后唐名将。字镇远，小字阳五，朔州马邑(今山西朔县)人。他勇而多谋，久在云中(今山西大同)，谙知边事。唐乾宁中，随晋王李克用攻王行瑜，以功由铁林军使升检校左仆射、衙内指挥使。唐光化二年(899年)，梁军围太原(今山西太原西南)，闻周德威勇猛，曾明令生擒周阳五者为刺史，而挑战者却被周德威擒获。天佑三年(906年)，与李嗣昭攻取潞州(今山西长治)，迁检校太保、代州刺史、蕃汉马步军都指挥使。后梁开平二年(908年)，救李嗣昭，随晋王李存勖击败梁军，解潞州之围，授振武节度使、同中书门下平章事。次年，授蕃汉马步总管。四年，在柏乡之战中，向晋王献退军高邑(今属河北)、诱敌离营、以逸待劳之策，大败梁军。乾化三年(913年)，领兵攻幽州(今北京)，灭大燕，授检校侍中、卢龙节度使(见幽州之战)。贞明三年(917年)，坚守幽州，契丹军围攻200日不能破。周德威用兵持重，能攻善守，常出奇制胜，为开创后唐屡建功勋。四年，胡柳陂(今河南濮城西)之战中，晋王不听其用兵之策，为梁军所乘，周德威战死。

　　五代时期，军阀混战。

　　潞州(今山西长治)是后梁进攻晋王李克用的战略基地。天佑三年(906年)周德威与李嗣源攻占了潞州，由李嗣源镇守此地。朱温对潞州失守大动肝火，立即命令大将李思安领兵10万去收复潞州。李思安到达潞州，便修筑城墙把潞州围了起来，这城墙内可攻潞州，外可防御后晋援兵，这一圈城墙就叫夹城。李思安也是抱着必得之心才这样做的，所以对潞州城进攻猛烈。

　　周德威奉李克用之命救援潞州，虽然也打了几次胜仗，但就是冲不过夹

城，这样苦战了一年多，也未分胜负。

周德威和李嗣昭都是李克用手下威名远播的大将，但因对一些事看法不同，两人有矛盾，而且随着潞州之围长久不解，积怨日深。

李克用知人善任，对这两位部将都非常器重，一直希望他们能重归于好。他临终时，对儿子李存勖说："进通（李嗣昭的小名）对我一直忠心耿耿，我非常喜爱他，现在还被朱全忠围困在潞州，难道德威不能忘掉旧怨吗？你转告德威，就说不解潞州之围，我死不瞑目。"

周德威本来就为攻不下夹寨而忧心忡忡，担心别人说他是因为与李嗣昭有嫌隙，故意不卖力气。听到李克用的这番话，他心里更不好受，因此，攻破夹寨的心情更加迫切。

后梁太祖开平二年（908年）五月，在晋王李存勖的率领下，围困潞州一年多的梁军终于被彻底打败，周德威兴高采烈，跃马来到潞州城下，大声呼唤李嗣昭说："先王已经去世，现在晋王亲自前来，夹寨已被攻破，梁贼已经逃走，你们可以打开城门啦！"

李嗣昭固守潞州城时，朱全忠曾多次派人去招降，每次都被李嗣昭断然拒绝。这次他以为朱全忠又在要什么花招，所以他根本不相信周德威的话，对城下喊道："你们一定是梁贼的俘虏，到这儿来欺骗我，别以为我会上当！"

他想起一年来自己困守潞州，周德威久攻夹寨不下，心里非常怨恨周德威，他拿起弓箭，对准周德威就要射，左右将士急忙上前劝阻。李嗣昭稳了稳激动的情绪，大声说道："如果大王真的来了，我要亲眼看一看大王！"

城下众人向两旁一闪，李存勖催马向前，边走边呼唤着李嗣昭说："真的是我来了，你放心打开城门吧！"

李嗣昭手扶城垛、揉揉眼睛向下望去，只见李存勖身穿白色的丧服，骑马站在城下。李嗣昭悲喜交加，鼻子一酸，放声大哭起来，城上的将士们全都落下了眼泪。

进城以后，李存勖一边安慰李嗣昭，一边把李克用临终说的那番话向他讲述了一遍，李嗣昭十分感动。见到周德威以后，两人紧紧地握住双手，心中的怨恨早已烟消云散。从此，两位大将和好如初。

◎故事感悟

周德威不计嫌隙，以大局为重，积极营救与自己关系不睦的同僚，最终达到了团结的目的。这种精神和处理问题的方式是很值得我们借鉴的。

◎史海撷英

周德威智胜刘寻

柏乡大捷几年后，在争夺魏州的战役中，梁将刘寻出兵奇袭晋阳，在魏州的李存勖急忙调兵紧追，又让李嗣恩领兵火速赶回晋阳加强防守。周德威当时在幽州，得到消息后，亲率1000骑兵救援晋阳，到达土门（今河北获鹿）时，刘寻知道晋阳有防备后已经转兵出太行山向东，准备抢占临清（今河北临西），想截断晋军的供应线，周德威看出了刘寻的企图，马上领兵绕过去抢占，中途抓获敌军几十人，用刀划伤他们的背部后放他们回去，这些人见到刘寻后，说周德威已经占领了临清，其实这都是周德威的计谋，刘寻不辨真伪，在迟疑的时候，周德威已经趁黑夜抢先占领了临清。周德威这次策应李存勖最终击败了刘寻和梁军。

周德威也并非常胜将军，在又一次契丹入侵时，由于敌众我寡，周德威领兵与契丹的30万军队决战于居庸关，损失了3万兵马退入幽州城，契丹兵攻城长达200天，也未攻下。周德威团结将士，抚慰鼓励士兵日夜守城，终于取得了幽州保卫战的胜利。

◎文苑拾萃

叶 落

李存勖

一叶落，褰珠箔。

此时景物正萧索。

画楼月影寒，西风吹罗幕。

吹罗幕，往事思量着。

解释：

一片秋日的黄叶缓缓飘降，

我掀开了珠帘向外面凝望，

满目的风景正透出无限的凄凉。

高高的画楼上撒满寒冷的月色，

西风吹动轻柔的窗帷悠悠飘扬。

窗帷飘扬，

如烟的往事又在我心头轻轻荡漾。

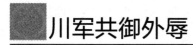

川军共御外辱

◎二人同心，其力断金。——《易经》

> 刘湘（1888—1938），中华民国时期四川军阀，又名元勋，字甫澄，法号玉宪，汉族，一级陆军上将。老家在四川省大邑县安仁镇。祖父刘公敬，系前清武举。父亲刘文刚，字鉴堂，自幼习弓马，屡试未第，经营贩谷生意。他是四川近代一世英雄，在战事中勇猛，敢于拼命，外号"巴壁虎"，又名"刘莽子"。在四川内战中逐渐发达，削平群雄统一四川。性格内向，深沉含蓄，持身谨严，为人剽悍。他与蒋介石虚与委蛇；不即不离，生前始终保持四川的半独立状态。

抗日战争是扭转中国命运的一场战争，也是中国人经历过的最惨烈的一次战争。数千万的伤亡数字，令山河变色，无数人为之泪下。

在民族存亡的关键时刻，党派利益和政治斗争暂时被抛在一边，国共两党实现了前所未有的联合。关于八路军、新四军的英勇战斗，我们已经了解得很多。可是，你可曾知道，在国民党军队中曾有一支部队，它不是国民党嫡系部队，甚至还曾跟着蒋介石打过内战，围追堵截过长征中的红军。就连这支军队的内部也是派系林立，彼此之间屡起战端。

然而，就是这么一支外人看来散兵游勇组成的、擅长"窝里斗"的军队，却在国难之际放下争斗，携手共御外敌，以极差的装备和从不言败的意志，击溃了日军的无数次进攻，为抗日战争的胜利立下了不世功勋。

这支300万人组成的大军，有一个共同的名字：川军！

此前，川军好打内战的声名远扬海内，然而面对欺负到家门口的日本侵

略者，川军将领们却再也坐不住了。

"卢沟桥事变"爆发后的第二天，刘湘即电呈蒋介石，同时通电全国，吁请全国总动员、一致抗日。1937年8月7日，刘湘飞赴南京参加国防会议，会上各方主战主和犹豫不决。刘湘见状慷慨陈词近两个小时："抗战，四川可出兵30万，供给壮丁500万，供给粮食若干万石！"

回成都后，他即于8月25日发布《告川康军民书》，号召四川军民"全国抗战已经发动时期，四川人民所应负担之责任，较其他各省尤为重大！"

川军各路将士纷纷请缨参战，川军将领杨森曾经说了这样一段话，代表了川军将士的心声："我们过去打内战，对不起国家民族，是极其耻辱的。今天的抗日战争是保土卫国，流血牺牲，这是我们军人应尽的天职。我们川军决不能辜负父老乡亲的期望，要洒尽热血，为国争光。"

"男儿立志出夔关，不灭倭奴誓不还，埋骨何须桑梓地，人生处处有青山！"在四川省各界欢送出川抗敌将士的集会上，川军将领唐士遵赋诗明志，以此诗表达自己不成功便成仁的决心！

为了以决死抗战一洗川军"好打内战"的恶名，刘湘抱病亲率10万川军出川抗日。1937年10月15日，刘湘被任命为第七战区司令长官，兼任集团军总司令，孙震为副总司令。省政府秘书长邓汉祥等人，劝多病的刘湘不必亲征，留在四川。刘湘说："过去打了多年内战，脸面上不甚光彩。今天为国效命，如何可以在后方苟安！"

带病出征的刘湘，却在抗战前线吐血病发，于1938年1月20日在汉口去世。死前他留有遗嘱，语不及私，全是激勉川军将士的话："抗战到底，始终不渝，即敌军一日不退出国境，川军则一日誓不还乡！"

川军将士果然不负他的希望，前后出川的300万将士，在抗战中赢得了硬战、血战之师的美名。然而，川军也是牺牲最大的，因为是杂牌军，军队的装备补给都是最差的。

打内战时的川军，很多人是"吊儿郎当双枪将"（破枪加鸦片烟枪），被认为是当时中国"最糟的军队"，"不堪一击"。现在，百万出川作战的川军，军纪严明，沿途鸡犬不惊，深受各地民众赞誉。

出川后，川军第四十三军第二十六师和川军第二十军首先在淞沪战场浴血奋战。据"老川军"何聘儒先生回忆：二十六师装备极差。一个连仅有士兵八九十人，只有一挺轻机枪和五六十支步枪。有的枪使用过久，来复线都没有了，还有少数步枪机柄用麻绳系着以防失落。

尽管日军飞机大炮狂轰滥炸，伤亡惨重，战士们却誓与阵地共存亡，前赴后继，毫无惧色。26师官兵英勇顽强鏖战七昼夜，多次击退日军进攻，被誉为参加淞沪抗战的70多个师中成绩最好的五个师之一。但是，二十六师付出的代价也极为惨重，全师四千多人，这场仗打完后仅剩下600多人。在内战中恶名在外的二十军杨森部，这次也在淞沪抗战的前线立下赫赫战功。

1937年10月15日，804团奉命收复失掉的阵地。团长向文彬率部当夜恶战，夺回了阵地，但全团官兵只剩120余人！

在闻名中外的"台儿庄战役"中，川军122师师长王铭章率部驻守滕县，日军主力板垣师团猛攻滕县不下，以重炮飞机猛轰，炸毁城墙。王铭章亲自指挥巷战，不幸遭机枪扫射壮烈牺牲。王师长殉国后，所部官兵逐屋抵抗，战至最后一人。城内伤兵不愿做俘虏，以手榴弹与冲进来的敌人同归于尽。

滕县一役，一二二师5000余人几乎全部伤亡，但也毙伤日军4000余人。在滕县以北的界河、龙山一带布防的131师陈离部也伤亡四五千人。

川军的巨大牺牲对台儿庄战役的胜利起到了重要的作用。

后来，"台儿庄战役"总指挥李宗仁将军在回忆录中感慨道："如无滕县之固守，焉有台儿庄之大捷！川军以寡敌众，写成川军史上最光辉的一页！"

曾任国民政府军政部长的何应钦曾写过《八年抗日之经过》一书，书中记载的数据令人震撼：抗战八年中，四川（包括西康省及特种部队和军事学校征召的10万余人）提供了近300万人的兵源充实前线部队，占全国同期实征壮丁10405万余人的五分之一还多。四川出川将士伤亡人数约为全国抗日军队的五分之一，居全国之冠！

从成军之时起，川军，事实上就只是各路军阀的私人卫队。

就个人而言，他们也许从来就没有感受过"国家"对他们做过什么。但他们却明白，"打内战"、"窝里斗"，乃是一个军人最大的耻辱！

他们也许曾横行乡里，也许曾鱼肉百姓，但在投身和融入维护国家独立和捍卫民族利益的战争中时，他们真正体会到了一个军人的使命和荣誉！

◎故事感悟

为了身后四万万的同胞，他们团结奋战，纵然战至最后一人也决不后退。川军，以其独特而无愧于国家民族的功绩，彪炳千秋！

◎史海撷英

川 军

清末宣统二年，清政府废绿营，在全国建陆军三十六镇（师），四川因地域广大兼控康藏地区，因而成立了十六、十七、十八三个镇。同时，成立武备学堂、陆军小学、官军学堂、陆军速成学堂、陆军讲武堂等，来培养中下级军官。这些学堂毕业的学生后来多数成为川军中的骨干，其中的优秀者还曾被派遣出国深造。

在辛亥革命中，各省纷纷独立，唯独四川先有革命党人在重庆成立大汉军政府，后又有人在成都成立蜀军政府，这种情形是各省中绝无仅有的。而在护国之役以前，川军编为五个师，尚可统一号令。

护国之役之后，川军分裂，以坐镇重庆的熊克武为主的一派，倾向孙中山先生；另有一派则依靠北洋政府势力与其争夺。历经多年作战，川军内部几经分裂组合，四川境内逐步形成了以刘湘、刘文辉、赖心辉、刘存厚、邓锡侯、杨森、田颂尧等为代表的几大势力。

北伐战争后，川军各部先后易帜换上了国民革命军的旗号。刘湘为二十一军，刘存厚为二十三军，刘文辉为二十四军，邓锡侯为二十八军，田颂尧为二十九军，杨森为二十军。然而，改旗易帜并未结束川中的内战。

在各派当中，又以刘湘、刘文辉这二刘实力最强。此二人都是四川大邑人，而且刘文辉还是刘湘之叔。二刘合兵一处，击败了刘存厚、赖心辉，瓜分了两人的地盘，最后四川形成了刘湘、刘文辉、邓锡侯、田颂尧四巨头分治的局面。

1932年，还想逐鹿中原的刘湘又开始了动作，他先取得了蒋介石的支持，秘密联络川中各部，接着向叔父刘文辉开战。经过泸州、宜宾、成都、荣县、威远等一番血战，被自己的侄子逼得走投无路的刘文辉败走西康。

这样，刘湘就当上了四川省主席、川军总司令。

从1912年成都省门之变开始，历时23年，历经大小400余战的四川内战才算基本结束。

四川的局势稳定没有几年，中国的局势又发生了逆转——抗日战争爆发，四川这个天府之国也融入了全民抗战的狂潮之中。

◎文苑拾萃

猴子的故事：团结铸造信心

关于猴子的故事很多，有一个颇令人感慨。在某一个地方，人们吃猴子就如同吃猪或者鸡鸭一类的牲畜家禽。一户人家的一个笼子里面关着十几只大小公母不一的猴子。每次有人打开笼门，猴子们都会十分恐惧，争先恐后地往笼子的角落里钻。总有一只被选中，当它们中间的一只被选中拎出笼子时，其余的猴子就会放下心来，快乐地在笼子中嬉戏……猴子越来越少，最终只剩一只，当笼门再打开时，这只猴子拼命躲向角落，试图离那只抓它的手远一点，无奈的是，它只要逃不出笼子，就一定会被抓到。在出笼门的一瞬，猴子咬了抓着自己脖子的那只手一口，鲜红的人血流淌到猴子小巧光滑的身体上，手的主人十分愤怒，一刀结果了猴子的性命而后说："多亏只是一只来咬我，要是多来几只恐怕还没有办法对付呢。"

老话说得好，"团结就是力量。"如果是很多猴子团结一致采取行动的话，或许还有保全生命的一线机会。这用时下时髦的话说，一个好的集体一定是一个沟通渠道通畅，上下认知水平一致的优秀集体。同一个团队中，大家彼此互相配合，心往一处想，劲往一处使，往往事半功倍。优秀的团队精神是企业真正的核心竞争力。一个企业如果没有团队精神，将成为一盘散沙。竞争时代，好的团队精神绝对是核心竞争力之一。

从这个意义上来说，"团结就是力量"绝不是一句口号式的空话。

配合歼敌机

◎共同的事业，共同的斗争，可以使人们产生忍受一切的力量。——格言

王海（1925—　　），汉族，山东威海人，原名王永昌，原空军司令员、上将，中国志愿军王牌飞行员，第三和第五届全国人大代表，中共十二到十四届中央委员。获三级解放勋章。1988年9月被授予空军上将军衔。1998年7月被授予独立功勋荣誉章。

抗美援朝作战期间，我们年轻的中国人民空军在战斗中发挥了重要的作用。飞行员们斗志昂扬，用自己的青春和热血，谱写了中国空军史上最为壮丽的乐章。

当时，美国空军号称世界第一。他们根本不把中国战机放在眼里，在空中肆无忌惮地横冲直撞。为了打击敌人的嚣张气焰，我空三师九团一大队的大队长王海奉命率队出征，担任主机，他的战友焦景文担任僚机。他们紧密配合，亲如兄弟，取得了击落击伤敌机十三架的优异成绩，创造了双机战果的最佳范例，两人都因此成为战斗英雄。1988年，王海将军在回忆朝鲜战争时，深情地说："我之所以取得那样的战绩，是因为我有一个出色的僚机！"

在朝鲜进行第一轮作战时，一次在平壤上空，中美飞机展开了激战。王海忽然发现四架敌机正围攻我军一架飞机，就立即率本队四架飞机冲上去救援。就在这时，他们背后又跟来八架敌机。在敌众我寡的形势下，他们沉着应战，连续击伤击落美军飞机。为了保护长机，焦景文的飞机不幸被敌人击

中。王海一见，忙命令焦景文跳伞，自己驾机飞到焦景文的上方，击落了一架正向焦景文发动攻击的敌机。这时，我军另外两架飞机赶到，一起驱散了敌机。他们以少胜多，共击落美机五架，击伤一架，取得了辉煌的胜利，也成功地掩护了地面部队。

1952年12月，在第二轮作战中，王海率领十二架战机，充分发扬我军团结合作、密切配合、敢打敢拼的优良作风，击落敌机两架，击伤两架。正当他们胜利返航时，地面指挥员告诉他们，有两架敌机正追击我军一架单机。他们立刻紧密配合，救出了这架单机。可是一会儿，又有四架敌机追了上来，情况十分危急。他们立刻决定分头脱险，互相掩护。突然，焦景文的僚机被敌机击伤了。焦景文情急之下，与敌机猛烈对抗，终于脱险。可当他返回地面时，却发现王海的飞机仍在空中盘旋，原来王海不见了僚机，正在焦急地寻找战友，焦景文顿时为战友的情谊感动得流下泪来。

◎故事感悟

王海与战士们紧密合作，团结作战。能够在战争中以少胜多，这与战友们的密切配合是分不开的。

◎史海撷英

中国人民解放军空军的组建和发展

空军司令部于1949年11月11日成立。刘亚楼任司令员，肖华任政治委员兼政治部主任。

1949年7月27日，军委副主席刘少奇访问苏联时与斯大林会谈，请苏联帮助中国建设空军，斯大林慨然答应。

空军是在陆军的基础上建立起来的。1950年和1951年，中央军委先后从陆军部队抽调12个师部、49个团部和大批干部、战士，迅速组建了军区空军、空

军的军、航空兵师、航校、团（场站）等机构。1950年4月15日，毛泽东为《人民空军》杂志题词："创造强大的人民空军，歼灭残敌，巩固国防。"

自1950年12月至1953年7月，中国人民志愿军空军先后有10个歼击师（第四、第三、第二、第十四、第六、第十五、第十七、第十二、第十八、第十六师）和2个轰炸师（第8、第10师）的部分部队参战，经过两年零8个月的空战，共出动2.6万余架次，击落击伤敌机425架，其中击落敌机330架、击伤95架。志愿军空军被击落击伤382架（其中击落231架、击伤151架）。在抗美援朝战争中，空军取得了指挥、作战和训练等丰富的实战经验，对空军的建设和发展具有重要意义。

随着空军部队的发展和作战任务的需要，已建立了军区空军和空军军级领导机关。毛泽东、邓小平等领导人对空军建设十分关怀。经过60年的建设和发展，空军已经从小到大，由弱到强，成为一支由多兵种、多机种组成的现代化技术军种。空军的兵种组成，由单一的航空兵及为其服务的专业兵种，发展成为包括航空兵、地空导弹兵、高射炮兵、空降兵、雷达兵、探照兵、通信兵、工程兵、防化兵等诸兵种在内的军种，建立了空防合一的体制，其规模居世界第3位。空军航空兵装备由初期少量几种飞机，发展到拥有歼击、强击、轰炸、侦察、运输等多机种，飞机数量相当于1950年时期的几十倍，空军的正规化军事训练成绩显著，参加了多次重大诸军兵种联合军事演习。空军飞行安全持续保持世界先进水平。人民空军具有优良的军事素质和强大的战斗力。

空军部队成立以来，在进行繁重建军任务的同时，还担负着国土防空作战和支援国家经济建设等任务。指战员长期保持高度戒备，加强战术技术训练，建成了诸兵种结合的有效防空体系。此外，于1965年至1973年，空军先后派出多批高射炮兵部队支援越南、老挝人民抗美救国战争，共击落敌机614架。空军部队在担负艰巨国土防空作战任务的情况下、还积极支援社会主义建设，担负新型飞机试飞、空投实验核武器、航空测量、人工降雨、飞播造林、旅游包机等任务。

◎文苑拾萃

王牌飞行员

又称击坠王牌或 ACE，有时亦简称王牌。这个称号最早出现在第一次世界大战，一般是指击落敌机超过 5 架的飞行员。世界第一位王牌飞行员是法国飞行员罗兰·加洛斯。世界上击落飞机最多的几个王牌飞行员均出现在二战时的德国。

女排的教训

◎麋鹿成群，虎豹避之；飞鸟成列，鹰鸷不击；众人
成聚，圣人不犯。——《说苑》

袁伟民（1937—　　），1937年生，江苏省苏州市人，毕业于南京体育学院。1958年进江苏省男子排球队。1962年入选国家男子排球队，任主力二传手。原国家体育总局局长，中国足球协会荣誉主席。

从国家男排退役后，出任国家女子排球队主教练，指挥中国女子排球队分别于1981、1982和1984年历史性地取得第三届世界杯女子排球赛、第九届世界女子排球锦标赛、第二十三届洛杉矶奥运会女子排球比赛冠军，使中国女排在世界排坛上首次取得"大满贯"、"三连冠"的历史性突破。在第三届世界杯女子排球赛上袁伟民获最佳教练员奖。他所带领的这支队伍为我国排球运动冲出亚洲、走向世界作出了重要贡献，所创导的女排拼搏精神被誉为全国人民学习的榜样。

20世纪80年代，中国女排以五连冠的辉煌战绩震惊了世界，振奋了国人的精神。

人们都知道，女排获得的一个个金灿灿的奖杯不是单靠一个人的能力取得的，而是融注着女排全体队员的拼搏和奉献。在通往五连冠的道路上，洒下了女排姑娘无数的汗水和泪水。

1975年，袁伟民教练从全国集训队挑选了孙晋芳、陈招娣、曹慧英、张蓉芳等一批素质好的队员，带领她们开始了艰苦的奋斗历程。袁伟民不仅在训练上要求严格，还很注重对球员灌输团队意识。他深知排球作为集体项目，除了比技术外，更要比队员的团结和默契。这些队员个个都是技术尖子，论

水平，谁也不输给谁。但是，如果相互之间处理不好关系，就会影响球队的战斗力。

1979年，在与日本队的一场比赛中，由于孙晋芳的一个传球没有合乎郎平的期望，加上两人之间平时就有的一些小摩擦没有好好解决，她俩当场就闹僵了，不再默契配合。全队立刻乱了阵脚，结果被日本队乘虚而入，连扳三局。中国女排输了。看到日本队欢呼胜利，中国女排队员们的心被深深地刺痛了。

这件事情带来的教训实在是太深刻了。回国后，袁伟民马上着手狠抓队员们的思想工作，帮助她们认识到团结是集体运动项目取胜的关键。从此，队员们在训练和比赛中越来越重视团队精神了。

这种团队精神不光增强了集体的凝聚力，还大大激发了队员们拼搏的勇气。袁伟民是以训练时"冷酷无情"出名的教练，他经常要让队员们补课，以解决训练中出现的问题。队员中没有一个人因为这些额外的训练而叫苦叫累的。有一次，一个队员训练时一直没能打出兴奋状态，全体队员就都主动留下来陪她补课。不知不觉中好几个小时过去了。食堂的师傅把饭菜热了又热，还不见队员们来吃饭。在场地上观看训练的人们看到女排队员大汗淋漓，一次次地跃起、扣球、倒地接球，连地板都被她们的汗水打湿了，全被深深地感动了。甚至有人看着不忍心，冲到袁伟民面前指责他太"残酷"了。

就这样，中国女排队员一次次地登上了冠军的领奖台，捧起了一个又一个金灿灿的奖杯。这是全体女排队员群体奋力拼搏的结果。

◎故事感悟

就像"铁榔头"郎平所说的："我的每一记重扣的成功，无不包含着同伴们的努力。"团队精神是一种非常可贵的精神，姑娘们在比赛时一心想的是团队的胜利，而不是个人的荣誉。

◎史海撷英

中国女排五连冠

1981年至1986年，中国女子排球队在世界杯、世界锦标赛和奥运会上5次蝉联世界冠军，成为世界排球史上第一支连续5次夺冠的队伍。

1981年中国女排以亚洲冠军的身份，参加了11月在日本举行的第三届世界杯。比赛采用单循环制，中国队以7战全胜的成绩首次夺得世界杯赛冠军。

1982年中国女排在第九届世界女子排球锦标赛上夺冠。

1984年，袁伟民率领中国女排首次参加洛杉矶奥运会。他们在小组赛里1∶3不敌东道主美国队，但是在决赛中回敬对方一个3∶0，不仅获得第一个奥运会冠军，而且完成了世界杯、世界锦标赛和奥运会的三连冠。

1985年中国女排获得了第四届世界杯冠军。

1986年，9月13日，中国女子排球队在捷克斯洛伐克首都布拉格举行的第十届世界女子排球锦标赛上，以3∶1战胜古巴队，从而成为第一支在世界女子排球大赛中获得五连冠的球队。

◎文苑拾萃

《我的执教之道》

作者袁伟民。人民体育出版社1988年出版。书中主要记述了袁伟民在执教中国女排的八年里，如何创三连贯的故事。全书围绕袁伟民八年奋斗历程中遇到的一系列事情，谈出了作者的认识和感受。本书内容既有思想、又有实践，深入浅出、富有哲理地阐述了他对教练事业的理解，其中包括育人的经验，训练的秘诀，指挥的艺术。可以体会出作者对事业的专注和巨大投入。

200人的较量

◎只要团结起来就什么都不用害怕。——格言

　　金昶伯（1955—　），韩国人。从1999年起，他就开始担任中国女曲的主教练，而自从他接手中国女曲之后，中国女曲不论是世界大赛的成绩还是技术水平都取得了非常显著的提升。金昶伯带队是典型的韩国人作风，对队员要求非常严厉，这也为他赢得了一个"魔鬼教练"的名声。

　　2008年8月22日晚上北京奥运会曲棍球赛场，由韩国籍教练金昶伯率领的中国女子曲棍球队与世界排名第一的荷兰队进行了最后的巅峰对决。最后中国女曲在下半场以零比二不敌对手屈居亚军。大家为球类项目上的这枚宝贵的银牌依然感到兴奋，因为相对于个人项目，团体项目更需要队员之间的配合，这是很多球类项目都一直就缺乏的，这也是金昶伯教练与中国女曲结缘10年来离最高领奖台最近的一次冲锋。虽然没能最终黑到底，但是知道中国女子曲棍球的人都会为这样的结果感到满意的。

　　陈朝霞、马弋博、程晖、荃俊霞、付宝荣、李爽、唐春玲、周婉峰、高丽华、张益萌、孙镇、李红霞、任烨、陈秋琦、赵玉雕、宋青龄、李爱丽、番凤贞，正是有了她们才会有一场场精彩的较量。

　　比赛中，姑娘们要弯着腰在赛场上与对手进行大力度的厮杀，观众在给她们加油。10公分宽的球杆要打中高速运动中的球，技术要求很高，更何况还要用大力在赛场上来回地跑动。没有惊人的毅力是不可能做到的。她们不光要有这样的体力和耐力，还要讲究战术打法，还要团体的配合。这些都是需要姑娘们长时间在赛场上磨炼才能真正收到效果的。所以很多姑娘们在平时都没有更多的时间来做其他的事情。因为她们心里早就已经习惯了只有曲棍球的日子了。

2000年悉尼奥运会的时候，中国女子曲棍球在半决赛的时候败给对手，在争夺铜牌的较量中我们又不敌阿根廷，与奖牌无缘。雅典奥运会上我们依然在半决赛中输给了德国队。赛后金昶伯说这是很正常的，因为这个项目一直就是欧美人的传统强项。人家的基础好，像荷兰这样的国家他们从小学就开始练习打曲棍球，民间从事这项运动的人保守的估计就有两三万人，而我们中国大概就只有两百来人。

面对这样一个差距，如果我们不付出比别人更多的汗水和时间是不可能有好的结果的。于是这个倔强的韩国男人以他特有的执著把这群姑娘带进了魔鬼训练的圈子里，我们的姑娘为了那个曾经的约定，把自己交给了这个神奇的人。

经过一系列的历练之后，苦尽甘来。2007年她们第一次站在了世界杯的最高领奖台上，面对胜利的喜悦姑娘们没有做过多的庆祝，经过短暂的喜悦之后她们又投入到了新的训练当中。她们在为家门口的约定做着最后的准备。

当曲棍球小组赛开始的时候，我们的姑娘虽然面临着死亡之组的威胁，但是她们冲锋号似乎让对手有点措手不及。首场就以3∶0胜西班牙，第二场依然不减雄风，又以3∶0胜非洲冠军南非队。在第三场面对世界排名第一的荷兰队我们也仅丢了一球。虽然我们输了第三场，但并没有影响到我们后面的比赛，我们以一个6∶1大胜韩国，洗去上一场的失败阴影。接下来只要不出意外就可顺利出线，最后我们以2∶2平了澳大利亚。以小组第二晋级半决赛，并且碰到的依然是老冤家德国队。

历史在这里重复着四年前的较量，面对老对手，姑娘们开始就上演了一场冲锋的大戏，让德国人感到了难以抗拒的压力。然而球好像在与我们开玩笑，在一轮的进攻之后我们被德国人打开了大门。但就在大家为姑娘们担心的时候，我们扳平了，紧接着我们的进攻依然不减，历史惊人地相似，在不断的进攻中两队各进一球，依然没有分出高下。但是我们的姑娘并没有让四年前的那一幕重演，她们犀利的进攻最终把德国人挡在了决赛的大门外，姑娘们终于一雪四年前的遗憾挺进决赛。

站在决赛场上的姑娘们，全力地发动攻击，由于我们错失了很多机会，因此，上半场双方都交了白卷，面对荷兰人的疯狂进攻，下半场的一大半时间我们依然死守住了。但是体力不支的姑娘们在最后的时候被荷兰人打开了大门。

我们虽然输给了荷兰队，但这一场的比赛十分精彩，我们在观赏之余，也不禁地为我国运动员们叫好，她们虽然输了球，但她们赢了精神，她们的不服输，就是将来的金牌！我们衷心地祝愿她们，她们为我们留下了一份珍贵的奥运精神遗产。

◎故事感悟

中国曲棍球在奥运会上取得了银牌，这是让我们出乎意料的。然而，这块银牌却是他们发扬群体精神团结奋斗的结果。

◎史海撷英

中国曲棍球的发展

目前，中国曲棍球协会有5支男子专业队（辽宁、甘肃、广东、天津、内蒙古），8支女子专业队（吉林、广东、北京、四川、辽宁、甘肃、上海、江苏）。每年举办的全国比赛有：全国曲棍球联赛、全国曲棍球冠军杯赛、全国青年曲棍球锦标赛、全国中学生曲棍球锦标赛，其中全国曲棍球联赛水平最高。

20世纪80年代，我国开始参加各类国际曲棍球比赛，取得了一系列优异成绩。国家男子曲棍球队取得了第一届亚洲杯赛的第三名，第十一届、第十四届亚运会的第五名。国家女子曲棍球队多年来在国际曲坛占有一席之地，曾获得过第一届亚洲杯冠军，第十一届亚运会的第二名，第七届世界杯的第六名，1991年冠军杯赛的第五名，世界大学生运动会的第二名和洲际杯赛的第二名。

近年来，中国女子曲棍球队进步较快。在2000年悉尼奥运会上获得第五名，2002年获得第十届冠军杯赛冠军，第十四届亚运会冠军，第十届世界杯第三名，在2004年雅典的奥运会上获得第四名，创造了中国曲棍球运动史上的最好成绩。曾获得国家体育总局授予的"最佳团队奖"的光荣称号，其中守门员聂亚丽被评为"2002年度全国十佳运动员"。

第三篇

人心齐，泰山移

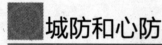
城防和心防

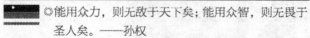

◎能用众力，则无敌于天下矣；能用众智，则无畏于
圣人矣。——孙权

墨子（约前468—前376），春秋战国之际的思想家、政治家、墨家学派的创始
人。名翟，鲁国人（一说宋国人），工匠出身，做过宋国大夫，以后长期住在鲁国。
曾习儒学，因不满其说，弃儒倡墨，独创新派，最后与儒家并称"显学"。墨子死，
墨家一分为三，称做后期墨家。现存《墨子》五十三篇，为墨子及其后学思想言论
的总汇。

　　战国初年，楚惠王想恢复楚国以往的霸权，于是千方百计地扩大军备，
并决定从攻打宋国入手，一个个地把阻碍楚国称霸大业的对手解决掉。

　　当时的中国，就像一个大城堡。而生活在其中的人民，被一个个诸侯国
的小城堡围隔开来。君主们谁都看着别人的地盘好。当然能把别人的土地、
人民、财富、军队都收入囊中那更好。统一天下，前提就是吞并、蚕食、掠
夺。所以老百姓偷人家一个钩子都可能被杀头，而诸侯之间的征战则美其名
曰"清君侧"、"拱卫周天子"。于是，怎样又快又有效地攻破别国的城堡，成
了每个君主和将领孜孜以求的事情。

　　为了造出最先进的攻城器械，楚惠王重用了一个当时最有本领的工匠。
他是鲁国人，名叫公输般，也就是后来的木匠祖师鲁班。

　　公输般被楚惠王请去后，当了楚国的大夫。他替楚王设计了一种攻城的
工具，比楼车还要高，看起来简直是高得可以碰到云端似的，所以被人们称
为"云梯"。

楚惠王一面叫公输般赶紧制造云梯，一面准备向宋国进攻。楚国制造了一种新式武器准备全力攻打宋国的消息一传出去，列国诸侯都有点担心。特别是宋国人，一听到楚国来进攻，更加觉得大祸临头。相较于老牌强国楚国，夹在各大国之间的宋国人微地寡，哪经得起敌人的强大攻击？

而墨子一向是以急公好义、辅助弱势群体为己任的。一听到两国即将开战，他立即星夜兼程赶去宋国。

在宋国做了一番安排之后，他又急行了十天十夜，终于赶到了楚国的都城郢。他先去见公输般，劝他不要帮助楚惠王攻打宋国。公输般说："不行呀，攻打谁并不关我的事，何况我之前早已答应楚王了。"

墨子就要求公输般带他去见楚惠王，公输般答应了。在楚惠王面前，墨子很诚恳地说："楚国土地很大，方圆五千里，地大物博；宋国土地不过五百里，土地并不好，物产也不丰富。大王为什么有了华贵的车马，还要去偷人家的破车呢？为什么要扔了自己绣花锦袍，而费尽心思去偷人家一件旧褂子呢？"

楚惠王虽然觉得墨子说得有道理，但仍不肯放弃攻宋国的打算。公输般也认为用云梯攻城很有把握。

见说服不了他们，墨子就直截了当地说："你能攻，我能守，一旦我守城，谁也攻不破。"为了实地示范，他解下了身上系着的皮带，在地下围着当做城墙，再拿几块小木板当做攻城的工具，叫公输般来演习一下，比一比本领。

公输般采用一种方法攻城，墨子就用一种方法守城。一个用云梯攻城，一个就用火箭烧云梯；一个用撞车撞城门，一个就用滚木擂石砸撞车；一个用地道，一个用烟熏……

公输般先后用了九套攻法，直到最后绞尽脑汁也想不出更好的办法了，仍然不能找到克制墨子的办法。而此时，墨子还有好些守城的高招没有使出来。

此刻的公输般心中仍然不服输，自己辛辛苦苦造出来的云梯怎能还未使用就宣告失效？他赌气跟墨子说："我已经想出了办法来对付你，不过现在我不说。"

墨子并不觉得诧异，他微微一笑说："我知道你想怎样来对付我，不过我也不说。"

楚惠王见两人说话像打哑谜一样，只觉得一头雾水，就问墨子："你们究竟在说什么？"

墨子说："公输般的想法其实就是想把我杀掉。杀了我，就没有人帮助宋国人守城了。大王肯定也会存有这种想法。其实你们想错了：我来到楚国之前，我的学生禽滑厘等三百个人就已在宋国帮助守城了。他们每一个人都学会了我的守城办法。即便现在把我杀了，还是有人会想尽办法对付你们的。

"我曾经专门研究过怎样守城，甚至还曾总结过许多有效的守城方法。相信大王以前听过我们墨者的事情。我手下有三四百个忠心耿耿的弟子，一旦打起仗来更是一个纪律严明的团体。而他们人人对我的话奉若神明，为了我的命令，这些弟子即使是'赴汤蹈刃'也不会皱一下眉头。而现在宋国人面临亡国之祸，就算拼死也要保卫家园，大家无不上下一心要为守城而战，即使是老弱妇孺都愿意与国家共存亡。请问面对这样的一支劲旅，这样一个精诚团结的国家，您有什么样的方法能让人们屈服呢？

"现在连公输般都斗不过我，何况我还有那么多办法没使出来呢。别看你们现在看起来很强大，要真的硬拼起来，楚国就算最后取胜，相信其付出的代价也是巨大的。权衡一下，你还觉得攻打宋国是件容易的事吗？"

楚惠王听了墨子一番话，又亲眼看到墨子守城的本领，知道要打胜宋国实在是很困难，只好点头称是："先生的话说得很有道理，我决定不进攻宋国了。"

一场即将爆发的战争就这样被墨子阻止了。

墨子在楚王面前所说的的确不是想当然的空话，关于怎样守城，他甚至专门写了一篇文章，集中列举了守城的各个要点。

有一次，他的大弟子禽滑厘问他："根据圣人的话，凤凰不出现了，诸侯反叛周王，军队正在天下四处兴起。大国攻打小国，强国控制弱国。我想守住一个小国该怎么做呢？"

墨子回答："就你所知有哪些是守城的方法呢？"禽滑厘说："当今各国常用来攻城的方法大致有这么几种：居高临下的攻法、钩梯法、冲车法、云梯法、土山法、水攻法、挖隧道法、挖城墙法、打洞法、队伍蜂拥攀城而上、辕辒车、楼车攻击法等等。请问老师会怎样对付这十二种攻城的方法？"

墨子说："我方的城池修缮好了，防守的器械齐全了，柴米充足，上下彼此亲近，又能得到四面相邻的诸侯的救援，这就是我用来守城的基本条件。然而这守备的人即使有能力而不为君主所用，还是不可能守住城池。君主任用的那守城的人，他的才能必须是很出类拔萃的。守城的人必须有才能，同时君王还要专用、信任他，那么城池就可以守住了。

"想要固守城池方法不外如此：矮小的城墙把它加高；深城池使它宽阔；修缮好城市；积累足够的守备物资；薪草粮食足够用来支持三个月以上时间；大家聚在一起等待保卫家园；吏卒百姓和睦相处；大臣对君王有很多的功劳；君王用仁义来取信于民；百姓渴望安居乐业也乐于为国效力。

"再不然，就是有父母的坟墓在；再不然，就是山林草木湖泽富饶、粮食物资充足；再不然，就是地形难攻易守；再不然，就是奖惩分明可以得到民众的信赖。具备了这十四条，那么，百姓与官员之间必然会上下相得。只要每个人尽自己最大的力量共同御敌，那么即使敌人再凶恶也必然会在心理上稍逊一筹。只要众人的意志不动摇，城池就可以守住了。而这十四条无一具备的，即使是我也没办法守住啊！"

是的，城防防的，其实是人心。

◎故事感悟

　　人心齐，泰山移。再坚固的城墙也有被从外部或内部攻破的可能。而人们在心上筑成的坚固防线，才是真正抵御外敌的铜墙铁壁。

◎史海撷英

鲁班奖

"鲁班奖"全称为"建筑工程鲁班奖"，1987年由中国建筑业联合会设立，

1993年移交中国建筑业协会。主要目的是为了鼓励建筑施工企业加强管理，搞好工程质量，争创一流工程，推动我国工程质量水平普遍提高。目前，这项标志着中国建筑业工程质量的最高荣誉，由建设部、中国建筑业协会颁发。

"鲁班奖"是行业性荣誉奖，属于民间性质。1996年7月，根据建设部"两奖合一"的决定，将1981年政府设立并组织实施的"国家优质工程奖"与"建筑工程鲁班奖"合并，奖名定为"中国建筑工程鲁班奖"，每年评选一次，奖励数额现为每年80个。

"鲁班奖"有严格的评选办法和申报、评审程序，并有严格的评审纪律。评审由评审委员会负责，协会只负责受理申报、组织初评和工程复查，不干预评选工作。评委由国务院有关部门和各地区的专家组成，以无记名投票方式选定。

◎文苑拾萃

三教九流

三教九流是指中国旧时宗教或学术上的各种流派，也指社会上各行各业的人，含贬义。

宋·赵彦卫《云麓漫钞》卷六："（梁武）帝问三教九流及汉朝旧事，了如目前。"元·王实甫《西厢记》第四本第二折："秀才是文章魁首，姐姐是仕女班头；一个通彻三教九流，一个晓尽描鸾刺绣。"

"三教九流"这个词的意义曾经是颇为高雅的。

"三教"的说法起自三国时代，指的是儒教、释教、道教三种教派。河南嵩阳书院里有一尊三神像，在一个头上雕出了孔子、老子和释迦牟尼的面孔。

"九流"的说法，最早见于《汉书·艺文志》，指的是春秋战国时代的儒家、墨家、道家、法家、名家、杂家、农家、阴阳家、纵横家等学术流派。后来，人们把宗教、学术中的各种流派统称之为"三教九流"。

靠团结巩固东晋政权

◎万人操弓，共射一招，招无不中。——《吕氏春秋》

> 王导（276—339），字茂弘，琅琊临沂（今山东临沂）人，东晋初年的大臣。在东晋历仕晋元帝、晋明帝和晋成帝三代，是东晋政权的奠基者之一。琅琊王氏，从太保王祥以来，一直是名门望族，王祥族孙王衍累任至司空、司徒、太尉，是朝中数一数二的人物。王导是王衍的族弟。王导的祖父王览，官至光禄大夫；父亲王裁，任镇军司马。东晋建立后，王导身历要职。于咸康五年（339年）病逝，终年六十四岁。

西晋自从惠帝继位，任其后贾南风胡作非为，引起八王之乱，互相残杀，国势日衰，至愍帝，被匈奴族、汉主刘聪所灭，西晋亡。司马懿曾孙司马睿创建东晋。东晋的创建与王导的辅佐及其团结北、南士族是分不开的。

《晋书·王导传》记载：司马睿被封为琅琊王时，适逢八王之乱，他恭俭退让，得免于祸。王导素与琅琊王亲善，二人倾心相交，雅相器重，契同友执。王导见王室内讧天下大乱，劝琅琊王到封国。琅琊王出镇建康，王导帮助他依靠避乱南迁的北方大族，团结江南大族顾荣、纪瞻等，在长江中下游和珠江流域发展自己势力。愍帝被俘，琅琊王于建康称晋王，建立政权，史称东晋。愍帝被害，晋王称帝，即晋元帝。

王导在辅佐元帝期间，一直坚持团结，反对分裂。司马睿即位后，以王导为开府仪同三司，王导堂兄王敦为大将军、江州牧。所以当时有"王与马共天下"之说。实际上东晋权力掌握在王氏手里，故元帝称帝时，一再令王导到御床共坐，以受百官朝贺，但是王导却说："若太阳下同万物，苍生何由仰照。"元帝才不这样做了。当刘隗受元帝宠信的时候，王导不再被重用，但是他还是一如既往，从不计较。

王敦以"清君侧"为借口，从武昌举兵攻入建康，杀戴渊等，刘隗逃奔石勒。攻陷建康后，王敦对王导说："不从吾言，几致族灭。"想篡夺政权，王导坚决反对，王敦阴谋没有得逞。及元帝死，明帝即位，王敦以为有机可乘，因病由其兄王含举兵进攻，王导部署兵迎击，王含大败。王敦不久病死，其分裂势力终被镇压。

明帝死，王导与庾亮等同受遗诏，共辅幼主成帝。庾亮出镇于外，有人向王导进谗说庾亮可能举兵内向，劝王导一定要严加防范。王导说："我与庾亮休戚与共，他若来了，我就回家去，有什么可怕！"他从不计较个人进退。

王导辅东晋王朝三代，协调王氏势力与司马氏势力的矛盾，联合一切可以联合的南北方士族，团结一切可以团结的人，打击分裂势力，以巩固东晋在南方的统治。在南方，司马氏势力是很单薄的。西晋灭吴国后，排斥南方望族，所以他们对司马氏很不满。这些望族如周氏、顾氏等是拥有部曲的豪强，如果遭到他们的反对，将会引起动乱。同时，"中原冠带，随晋渡江者百家"，他们都拥有部曲、佃客，因而也与南方望族发生矛盾。所以，如何争取南方士族的支持，调和南北士族的矛盾，是东晋王朝的要务。

王导采取的措施一是安置好渡江的北方士族，使他们居住于南方望族势力较弱的地区，使彼此少接触，以免引起摩擦；二是任用南方士族的首领如顾荣、贺循等，通过他们团结南方士族，并对南方武力强宗采取忍让的态度。如周勰父亲周王已因受北士轻侮而气死，死时嘱咐周勰为他报仇。周勰想起兵叛乱，但是因为他的叔父从事中郎周札反对，周勰不敢发兵。但是他的族兄周续却聚众响应。如果由朝廷发兵征讨，将扩大与周氏的矛盾，于是王导派周勰族弟周莚带兵去镇压，周莚用计杀了周续。对于周勰，却不穷追，把周氏族的人们争取了过来。

东晋刚刚建立，基础很不牢固，所以王导只能采取"举贤不出士族，用法不及权贵"的方针，这种方针从长远来看弊病很多，但在当时对稳定政局确实起到了很大作用。

◎故事感悟

　　王导在辅佐司马睿建立东晋之后，坚持维护国家团结，反对分裂，协调出现的各种矛盾来维护东晋的政权。在当时的官场上游刃，如果不是出于大局，是很难控制局面的。

◎史海撷英

淝水之战

　　淝水之战，又称肥水之战，发生于公元383年。淝水之战是我国记录最早的以少胜多的著名战役之一。当时中国北方的前秦欲消灭南方的东晋，并于淝水（今安徽省寿县的东南方）交战，最终东晋仅以8万军力大胜80余万的前秦军。

　　公元383年8月，苻坚亲率步兵60万、骑兵27万、羽林郎（禁卫军）3万，共90万大军从长安南下，同时，苻坚又命梓潼太守裴元略率水师7万从巴蜀顺流东下，向建康进军。近百万行军队伍"前后千里，旗鼓相望。东西万里，水陆齐进"。苻坚骄狂地宣称："以吾之众旅，投鞭于江，足断其流。"

　　东晋王朝在强敌压境，面临生死存亡的危急关头，以丞相谢安为首的主战派决意奋起抵御。经谢安举荐，晋帝任命谢安之弟谢石为征讨大都督，谢安之侄谢玄为先锋，率领经过7年训练，有较强战斗力的"北府兵"（在北方的流亡移民当中选拔精壮者，加以严格训练培育出的一支军队，为东晋时期战力最强的主力军）8万沿淮河西上，迎击秦军主力。派胡彬率领水军5千增援战略要地寿阳（今安徽寿县）。又任命桓冲为江州刺史，率10万晋军控制长江中游，阻止秦巴蜀军顺江东下。

　　10月18日，苻坚之弟苻融率秦前锋部队攻占了寿阳（今寿县），俘虏晋军守将徐元喜。与此同时，秦军慕容垂部攻占了郧城（今湖北郧县）。奉命率水军驰援寿阳的胡彬在半路上得知寿阳已被苻融攻破，便退守硖石（今安徽凤台西南），等待与谢石、谢玄的大军会合。苻融又率军攻打硖石。苻融部将梁成率兵5万进攻洛涧（在今安徽淮南东），截断淮河交通，阻断了胡彬的退路。胡彬困守硖石，粮草用尽，难以支撑，写信向谢石告急。但送信的晋兵被秦兵捉住，此信落在苻融手里。苻融立刻向苻坚报告了晋军兵少、粮草缺乏的情况，建议迅速起兵，以防晋军逃遁。苻坚得报，把大军留在项城，亲率8千骑兵疾趋寿阳。

苻坚一到寿阳，立即派原东晋襄阳守将朱序到晋军大营去劝降。朱序到晋营后，不但没有劝降，反而向谢石提供了秦军的情况。他说："秦军虽有百万之众，但还在进军中。如果兵力集中起来，晋军将难以抵御。现在情况不同，应趁秦军没能全部抵达的时机，迅速发动进攻，只要能击败其前锋部队，挫其锐气，就能击破秦百万大军。"谢石起初认为秦军兵强大，打算坚守不战，待敌疲惫再伺机反攻。听了朱序的话后，认为很有道理，便改变了作战方针，决定转守为攻，主动出击。

11月，谢玄派遣勇将刘牢之率精兵5千奔袭洛涧，揭开了淝水大战的序幕。秦将梁成率部5万在洛涧边上列阵迎击。刘牢之分兵一部迂回到秦军阵后，断其归路；自己率兵强渡洛水，猛攻秦阵。秦军惊慌失措，勉强抵挡一阵，就土崩瓦解，主将梁成和其弟梁云战死，官兵争先恐后渡过淮河逃命，1.5万余人丧生。洛涧大捷，极大鼓舞了晋军的士气。

由于秦军紧逼淝水西岸布阵，晋军无法渡河，只能隔岸对峙。谢玄就派使者去见苻融，用激将法对他说："君悬军深入，而置阵逼水，此乃持久之计，非欲速战者也。若移阵少却，使晋兵得渡，以决胜负，不亦善乎？"秦军诸将都表示反对，但苻坚认为可以将计就计，让军队稍向后退，待晋军半渡过河时，再以骑兵冲杀，这样就可以取得胜利。苻融对苻坚的计划也表示赞同，于是就答应了谢玄的要求，指挥秦军后撤。但秦兵士气低落，结果一后撤就失去控制，阵势大乱。谢玄率领8千多骑兵，趁势抢渡淝水，向秦军猛攻。朱序则在秦军阵后大叫："秦兵败矣！秦兵败矣！"秦兵信以为真，于是转身竞相奔逃。苻融眼见大势不妙，急忙骑马前去阻止，以图稳住阵脚。不料战马被乱兵冲倒，被晋军追兵杀死。失去主将的秦兵越发混乱，彻底崩溃。前锋的溃败引起后续部队的惊恐，也随之溃逃，形成连锁反应，结果全军溃逃，向北败退。秦军溃兵沿途不敢停留，听到风声鹤唳，都以为是晋军追来。晋军乘胜追击，一直到达寿阳附近的青冈。秦兵人马相踏而死的，满山遍野，充塞大河。苻坚本人也中箭负伤，逃回至洛阳时仅剩10余万。

◎文苑拾萃

东晋的门阀士族

　　门阀士族，是中国东汉后期至南朝末年在社会上有特殊地位的官僚士大夫结成的政治集团。在东晋时达到了巅峰。

　　西晋亡后，在门阀士族的拥戴下，东晋王朝得以建立。但在统治阶级内部，存在着北人士族与南人士族、北人士族中的上层与下层、皇室司马氏与侨姓大族、各大族之间、中央与地方（扬州与荆州）等错综复杂的矛盾。终东晋一朝，门阀士族在政治上居主导地位。桓玄曾一度推翻司马氏统治，自立为帝，后失败被杀。

　　南朝宋武帝刘裕从东晋门阀专政、王权弱小、方镇割据的积弊中汲取教训，努力加强皇权。因而南朝世家大族虽然在社会经济上的优越地位未变，不仅拥有大量田地，而且封山占水，实行庄园经济，占有广大田庄山泽和附属于土地上的大量依附人口，但实际军政实权大为削弱，政治权力主要已不在他们手中。南朝士庶之别非常严格，士族通过仕宦途径和婚姻关系来维护门阀制度，形成封闭性集团。士族所居官都是被认为"清显"的职位，一般不理政事。士族中又有高低阶层之分，两者之间一般也不通婚，低级士族担任的某些官职，高级士族不屑担任。侯景之乱使世家大族遭受沉重打击。承圣三年（554年），西魏军攻占江陵，俘衣冠士族数万口，驱入长安为奴婢。这是对南方门阀士族的一次沉重打击。在陈朝，无论侨姓士族或江南士族，不仅政治上早已无所作为，社会声望和经济地位也都一落千丈，但是门阀势力仍占有重要地位，成为中央政府的掣肘。

"左公柳"和"林公渠"

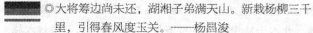

◎大将筹边尚未还，湖湘子弟满天山。新栽杨柳三千里，引得春风度玉关。——杨昌浚

林则徐（1785—1850），鸦片战争时期抵抗派首领、政治改革家。字元抚，又字少穆，福建侯官人，进士出身，曾任东河河道总督、江苏巡抚。后遭投降派诬陷，被革职，1841年6月充军伊犁。曾在新疆兴修水利，开荒屯田，对开发和戍守边疆起了很大作用。1846年被重新起用，先后署陕甘总督、陕西巡抚、云贵总督，镇压过西北和西南少数民族起义。在云贵总督任上，曾奏请清廷准许招商集股开矿。1849年因病辞职还乡。1850年10月，被再次起用为钦差大臣，去广西镇压人民反清活动。同年11月，于赴广西途中病故，谥号"文忠"。著作有《云左山房文钞》、《云左山房诗钞》、《林则徐集》等。

西出敦煌，沿着丝绸古道一路西行，沿途看到许多枝干粗壮的杨柳。这些柳树虽历经百年风雨、沙尘、烈日的锤炼，已略显老态，却依旧虬枝苍劲，铁骨铮铮，宛如刚毅的西北汉子，以顽强的生命力卫护着一方水土——这就是著名的"左公柳"。

在新疆平乱期间，左宗棠为改善当地民生，率军民兴建了从哈密星星峡到巴里坤草原之间的天山大道，以及从托克逊到喀喇沙尔之间苏巴什山口的172里盘山路。同时，为改变边疆多荒漠的景象，他还亲率部队沿途遍栽杨、柳、沙枣树，名曰"道柳"。

不出几年工夫，从兰州到肃州，从河西到哈密，从吐鲁番到乌鲁木齐，凡清军所到之处，除戈壁外所植道柳皆"连绵不断，枝拂云霄"。从开始进

疆时的"赤地如剥，秃山千里，黄沙飞扬"，到宣统三年，新疆各地已是
"十里柴湖庙，村户比连，绿荫夹道，清流贯其中，水声潺潺，草木畅茂"
的景象了。

据左宗棠自己记录，光是从陕甘交界的长武县境起到甘肃会宁止，种活
的树就达26.4万株。泾州以西，竟然形成道柳"连绵数千里绿如帷幄"的塞
外奇观。

除此之外，为了发展新疆经济，他还令军士们从嘉峪关到乌鲁木齐沿途
每隔10里挖一口井，"左帅之功利新疆"的美名从此名传千古。

人们为感激左公为民造福的不朽功绩，便将他和部属所植柳树称为"左
公柳"。"左公柳"也因此成为大西北特有的一道风景线，不仅传于百姓之口，
还引来诸多文人雅士的称颂。

而有谁知道，左宗棠不辞劳苦大力开发新疆的举动，其实是受了林则徐
的影响。

林则徐严禁鸦片，积极支持黄爵滋关于"重治吸食"的主张。在给道光
皇帝的上奏中痛切指出："法当从严，若犹泄泄视之，是使数十年后，中原几
无可以御敌之兵，且无可以充饷之银。"1838年12月，道光皇帝任命林则徐
为钦差大臣，节制广东水师，前往广州查禁鸦片。他到广州向中外宣布禁烟
决心："若鸦片一日不绝，本大臣一日不回，誓与此事相始终，断无中止之
理。"并采取坚决有力措施，迫使外国鸦片贩子交出鸦片两万多箱，共237万
余斤，在虎门海滩当众销毁。

林则徐在禁烟过程中派人搜集和翻译外文书报，了解西方，主持编成
《四洲志》和《华事夷言》，提出仿制外洋船炮"师敌长技以制敌"的主张。
他在广东积极加强战备，整顿海防，相信民心可用，号召人民群众痛击外
国侵略者。

1842年，林则徐因在广州实行"禁烟"，并在虎门销毁鸦片而引发了英法
两国的报复，林则徐也成了清政府眼中的罪人，被遣戍新疆伊犁。

后来林则徐回到内地，初会左宗棠，便将自己对新疆地理的观察、俄国
在边境的军事动态和自己的战守计划等材料，全部交托给左宗棠。并说："吾

老矣，空有御俄之志，终无成就之日。数年来留心人才，欲将此重任托付……以吾数年心血，献给足下，或许将来治疆用得着。"

20余年后，左宗棠收复新疆。他奏请新疆建省，屯田垦荒，凿修水利，努力将林则徐生前心愿——付诸实行。

两位民族英雄的胸襟和举措，造福的不仅是新疆各族人民，而是整个中国西北边疆。

百年前林则徐在新疆修造的"林公井"至今还在发挥着作用，左宗棠留下的"左公柳"也荫庇了一代又一代后人。

在中国近代史上，林则徐和左宗棠可谓是支撑清王朝的两大栋梁之臣。可悲的是，林则徐却因虎门销烟获罪，发配流放到新疆。然而他却以"苟利国家生死以，岂因祸福避趋之"的坦荡情怀，在这片土地上续写着自己不变的爱国情怀。

1842年8月，林则徐在西安告别家人，踏上西行的路途。路途的遥远、艰辛，并没有使林则徐意志消沉。沿途壮丽的西北风光，反而使他心胸更加豁达，对国家和民族的安危更加关切。他在诗中写道："天山万笏耸琼瑶，导我西行伴寂寥。我与山灵相对笑，满头晴雪共难消。"

此时，个人的得失已被他看得很淡很淡了，而充溢胸怀的仍是忧国忧民的激情。

虎门可以销烟，在遥远的大西北同样可以为民造福。林则徐在个人命运的极端苦难中引领民众修造的一道道"林公井"，见证了一个官员对百姓的责任以及他人格中的高贵与伟大。

在新疆各地，可以见到一种古老而神秘的地下引水工程——坎儿井。串联在新疆各地的1158条坎儿井，连接起来全长超过500万米，几乎与黄河等长。坎儿井因此与长城、京杭大运河一道并称为"中国古代三大工程"。

林则徐当时虽有罪臣之名，却因高尚的民族气节受到驻疆官员的尊重，并委派他勘查土地。在哈密体察民情时，他看到哈密各族人民生产落后，生活贫困……一向爱护百姓的林则徐心情更加沉重。

为了使哈密变得和内地一样的安定富足，林则徐勘察屯田后，认为哈密是重要的战略基地，应扩大粮食种植，但此地却是干旱缺水、常年高温。没有水源，就不可能有植物生长，怎么办呢？

他发现，为了避免在强烈的日照下水分蒸发，新疆的先民们创造的一种用竖井相连的地下渠道——坎儿井工程非常实用、科学，便决心将之推广到全疆各地，这样干旱的问题就可以基本解决了。

于是，林则徐拖着病体开始在各地奔走竭力推广坎儿井。他教导人们"每隔丈余淘挖一口，连环导引水田，井水通流"。同时组织西域人民开垦荒地，发展农耕，兴修水利。

在林则徐兴办水利之前，坎儿井只限于吐鲁番，为数只有30余道。在他的推动下，1845—1877年间，吐鲁番、鄯善、托克逊等地新挖坎儿井300多道。

虽然坎儿井不是林则徐发明的，但他首先倡导推广坎儿井的功绩却是影响极深的——因为这跟百姓的日常生活息息相关。当地群众感激林则徐的恩德，于是把坎儿井称之为"林公井"。

《新疆图志》载："林文忠公谪戍伊犁，在吐鲁番提倡坎儿井……文忠命于高原掘井而为沟，导井以灌田，遂变赤地为沃壤。"

《善乡土志》上也说："用坎水溉田创之者林则徐，兰坡黄氏继之，迄今坎开鳞次利赖无穷焉。"

为了发展农业生产，林则徐还向伊犁将军布彦泰提出开垦荒地的要求。布彦泰采纳了这一意见。

从1843年秋天开始，林则徐不顾自己衰老的病躯，当起了"愚公"，负责开垦惠远城东边的阿齐乌苏荒地。这是一项极为艰巨繁重的工程，要将不毛之地变成可以耕种的良田，必须开挖渠道，引水灌溉。

林则徐带领民工挑挖沙石，建坝筑堤，足足耗时一年零四个月，用工10万余，最终修成一条六里长的主干大水渠。水渠修成以后，为当地垦地创造了极为有利的条件，屯田收到显著效果。这条渠道因此得名"林公渠"。

从1843年秋到1845年11月，大约两年的时间，林则徐在新疆百姓的大力支持和密切配合下，总共开辟荒地屯田88万多亩。

后人记载林则徐的这一功绩说:"由于林则徐的查勘开垦,使新疆的大漠广野都变成肥沃良田,农户炊烟相望,田野耕作皆满,合兵农为一体。每年为国家省经费无数,国民的生计亦由此而充裕。"

为什么林则徐本不是坎儿井的发明者,而"用坎井溉田创之者林则徐"还得以盛传天山南北呢?谁给人民带来实惠、带来爱护,谁就会受到人民的尊敬和爱戴。林则徐以其病弱之躯和远见卓识,为新疆各民族人民的安居乐业、和睦相处立下了汗马功劳。

因为有林则徐和左宗棠,以及无法计数的各族无名英雄们,新疆从此成为中国西北边陲一道坚实的屏障,再也没有发生过与祖国分离的情况。

◎故事感悟

左宗棠和林则徐为新疆的建设奉献了力量,开发了祖国的边疆,造福了边疆的人民,促进了民族团结。

◎史海撷英

鸦片战争

1840—1842年英国发动了侵略中国的战争,史称鸦片战争。这一时期英国大量倾销鸦片,严重毒害中国人民,并引起白银外流,银价上涨,市场混乱,加深了清政府的财政危机。

中国人民坚决反对输入鸦片,清朝统治阶级内部的开明官吏也主张禁烟。道光皇帝为了维护封建统治,于1838年12月任命林则徐为钦差大臣,节制广东水师到广东查禁鸦片。次年3月,林则徐到达广州后,即与两广总督邓廷桢、水师提督关天培严厉禁烟。

英国政府决定发动对华战争。1840年6月以乔治·懿律和查理·义律为首的"东方远征军"到达广东海面。因广东严密设防,英军转攻厦门,被闽浙总督邓廷桢击退。英军又继续北犯,攻占定海,8月闯到天津海口,向清政府投递照会,施加压力。道光皇帝派直隶总督琦善到天津与英军谈判，随后又任琦善为钦差大臣、两广总督到广东与英继续谈判，并将林则徐、邓廷桢革职。琦善到广州后，撤防裁勇，重用汉奸，镇压人民的抗英斗争，接受义律提出的全部条件，擅自签订《穿鼻草约》。道光皇帝得知割让香港的消息，将琦善革职锁拿进京，决定对英宣战，派奕山为靖逆将军率军到广东主持战事。英军闻讯先发制人，猛攻虎门炮台。关天培率部奋勇抵抗，因寡不敌众，以身殉国，守军数百人英勇牺牲。奕山等昏庸无能，致使广东战事失利，1841年5月签订《广州和约》。英国继续扩大侵略战争，1841年8月璞鼎查率侵略军攻陷厦门，10月占领定海、镇海、宁波。道光皇帝被迫再次出师，任命奕经为扬威将军赴浙江前线应战。奕经为邀功请赏，在没有准备的情况下分兵三路仓促出战，结果惨败。英军侵入长江，1842年5月至8月先后攻陷乍浦、吴淞、上海、镇江等地，直达南京江面。8月29日耆英、伊里布接受英国提出的全部条件，签订了丧权辱国的中英《南京条约》。从此，中国由封建社会一步一步地沦为半殖民地半封建社会。

◎文苑拾萃

阿豺的二十个儿子

从前，吐谷浑国的国王阿豺有20个儿子。他这20个儿子个个都很有本领，难分上下。可是他们自恃本领高强，都不把别人放在眼里，认为只有自己最有才能。平时20个儿子常常明争暗斗，见面就互相讥讽，在背后也总爱说对方的坏话。

阿豺见到儿子们这种互不相容的情况，很是担心。他明白敌人很容易利用这种兄弟不团结的局面来各个击破，那样一来国家的安危就是于一线了。阿豺常常利用各种机会和场合来苦口婆心地教导儿子们停止互相攻击、倾轧，要相互团结友爱。可是儿子们对父亲的话都是左耳朵进、右耳朵出，表面上装作遵从教诲，实际上并没放在心上，还是依然我行我素。

阿豺的年纪一天天老了，他明白自己在位的日子不会很久了。可是自己死后，儿子们怎么办呢？再没有人能教诲他们、调解他们之间的矛盾了，那国家不是要四分五裂了吗？究竟用什么办法才能让他们懂得要团结起来呢？阿豺越来越忧心忡忡。

有一天，久病在床的阿豺预感到死神就要降临了，他也终于有了主意。他把儿子们召集到病榻跟前，吩咐他们说："你们每个人都放一支箭在地上。"儿子们不知何故，但还是照办了。阿豺又叫过自己的弟弟慕利延说："你随便拾一支箭折断它。"慕利延顺手捡起身边的一支箭，稍一用力，箭就断了。阿豺又说："现在你把剩下的19支箭全都拾起来，把它们捆在一起，再试着折断。"慕利延抓住箭捆，使出了吃奶的力气，咬牙弯腰，脖子上青筋直冒，折腾得满头大汗，始终也没能将箭捆折断。

阿豺缓缓地转向儿子们，语重心长地开口说道："你们也都看得很明白了，一支箭，轻轻一折就断了，可是合在一起的时候，就怎么也折不断。你们兄弟也是如此，如果互相斗气，单独行动，很容易遭到失败。只有20个人联合起来，齐心协力，才会产生无比巨大的力量，可以战胜一切，保障国家的安全。这就是团结的力量啊！"

儿子们终于领悟了父亲的良苦用心，想起自己以往的行为，都悔恨地流着泪说："父亲，我们明白了，您就放心吧！"

阿豺见儿子们真的懂了，欣慰地点了一下头，闭上眼睛安然去世了。

团结就是力量，只有团结起来，才会产生巨大的力量和智慧，去克服一切困难。

我们是人民的忠实儿子

◎一堆沙子是松散的，可是它和水泥、石子、水混合后，比花岗岩还坚韧。——王杰

> 徐海东（1900—1970），杰出军事家、革命家、新四军老战士。是新中国成立后中央军委认定的解放军36个军事家之一，尤其擅长游击战。他身经百战，功勋卓著，具有丰富的实战经验和高超的指挥艺术，毛泽东高度赞扬他是"对中国革命有大功的人"，是"工人阶级的一面旗帜"。

　　徐海东将军常讲这样的话：党和人民是血肉关系，是鱼水关系，我们是人民的忠实儿子。他不仅是这样说的，更是这样做的。

　　1933年6月，红二十五军在向皖西转移途中，部队给养遇到严重困难，军主要领导向部队下达了一道错误命令：过福田河以东筹粮不用调查，牛、羊、猪、鸡都可以杀。当时，担任红二十五军副军长兼七十四师师长的徐海东，对这个侵害群众利益、违反红军纪律的命令，进行了坚决抵制。他及时把三个团长找来，严肃命令他们绝对不能执行军部的错误命令，说："有问题杀我的头，你们不执行我的命令，我杀你们的头。"随后他又语重心长地说道："特别是群众的牛更不能杀。我们红军是工农的武装，应该为群众着想。中、贫农民有一条牛就是全家的命根子，杀了人家一条牛，就等于杀人家全家。我们的办法还是找葫芦南瓜吃。"结果，全师将士一路宁可饿肚子，也没有乱杀群众一头牲口。

　　有一次，徐海东率部来到一个山寨，进寨一看，群众全都跑光了，而且在一些较富裕人家的房子里，还出现了一个奇特的现象：屋子的四个墙角，摆

放着明晃晃的银洋。原来，这个寨子是个新区，群众因长期受反动派的欺骗宣传，对红军究竟是个什么样的队伍还不了解，所以就想了这个点子来检验红军。徐海东听到报告，亲自跑到现场察看，当即下了一道严令："只要是红二十五军的人，谁也不许动一动！"群众在红军撤离后回屋一看，当即惊呆了：放在屋子四角的大洋不仅一块不少，而且连位置都没有挪动一下，不禁感叹地说：红军真是一支穷人的队伍，真是一支仁义之师！

从1940年1月到1945年9月，徐海东患了重病，组织上把他安排在皖西革命根据地休养。一天，"特二连"的连长和指导员来到他的房间，报告了这样一件事：房东王大伯的大儿子要成亲，按当地习俗，新娘入洞房要有两个属牛的"金童玉女"捧花烛。这位大伯听说徐海东的儿子小林正好属牛，很想让其来扮童男的角色。但他们觉得徐海东是个高级指挥员，担心这样做会造成不好的影响。徐海东一听马上笑了，说："我看这不是什么坏事，这是和群众打成一片的好事。我们都是人民的儿子，我的儿子和群众的孩子没有任何区别。我同意小林给房东大伯的儿子拿花烛，但要注意一条，不要磕头，鞠躬就行了。"房东大伯一家得知后，非常高兴。这件事很快在当地群众中传为美谈。

◎故事感悟

　　党和人民是血肉关系，鱼水关系，不管什么时代，不管遇到什么困难，都会紧紧团结在一起。

◎史海撷英

红二十五军长征

1934年（民国二十三年）11月至1935年9月，在第二次国内革命战争中，中国工农红军第二十五军退出鄂豫皖苏区，经鄂豫陕向陕甘苏区战略转移。

红二十五军原属红四方面军建制。1932年10月，红四方面军主力撤离鄂豫皖苏区向川陕边转移后，中共鄂豫皖省委将留在苏区的部队重建红二十五军。蒋介石集中重兵对鄂豫皖苏区进行连续"清乡"、"清剿"和"围剿"，红二十五军进行了艰苦的斗争。

鄂豫皖省委于11月11日召开常委会，讨论红二十五军实行战略转移的问题，决定红二十五军向平汉铁路以西的桐柏山区和伏牛山区转移。1934年11月16日，红二十五军共2900余人，由河南省罗山县何家冲出发，向平汉铁路以西转移，开始长征。1935年5月，经过蔡玉窑、文公岭、荆紫关、袁家沟口等战斗，粉碎了国民党军的两次"围剿"，建立了鄂豫陕苏区，部队发展到3700余人。

1935年8月3日，红二十五军进入甘肃，攻占两当县城。随即北上，11日北渡渭河，进占秦安，威逼静宁，切断了西（安）兰（州）公路交通。17日攻占隆德，尔后翻越六盘山，向东挺进。21日，在泾川县的四坡村与拦截之国民党军一个团激战，将其全歼。战斗中，政治委员吴焕先牺牲。9月15日到达陕甘苏区的永坪镇，次日同西北红军第二十六、第二十七军会师，结束长征。

1935年8月18日，红军第二十五、第二十六、第二十七军合编为红军第十五军团，徐海东任军团长，程子华任政治委员。红二十五军改编为第七十五师。毛泽东曾称赞红二十五军的远征为中国革命立下了大功。

◎文苑拾萃

长征过程中，红二十五军创下了不朽的功绩和代价

1. 长征中是几支长征队伍中最先到达陕北的一支工农红军，成为长征先锋；

2. 长征中唯一一支增员的中国工农红军。长征途中，抗击了30多个团敌人的围追堵截，不仅没有减员，到陕北时，部队还增加了800多人；

3. 长征中唯一一支创建了根据地（豫陕、鄂陕边区10余县）的中国工农红军。在全国各革命根据地大部分损失的情况下，在鄂豫陕边区播下了红军种子，创建了鄂豫陕革命根据地；

4. 长征中唯一一支发展地方游击师、红七十四师的中国工农红军。为中国工农红军增加了新鲜血液。

同时，长征过程中，红二十五军也付出了宝贵的代价：

1. 中共鄂豫皖省委书记积劳病逝；

2. 红二十五军政委吴焕先英勇牺牲；

3. 正副军长程子华、徐海东负重伤。

支撑抗战的四川人

◎人民是土壤，它含有一切事物发展所必需的生命汁液；而个人则是这土壤上的花朵与果实。——格言

> 甘绩镛（1914—1982），荣昌县人。历任铜梁县知事，国民革命军二十一军财政处长、政务处长，川东税捐总局局长，川东道尹，四川省政府委员兼民政厅厅长。为刘湘管理财政的重要人物之一。曾主持筹办重庆大学、乡村建设学院和农业试验场。抗战时期又兼任四川省政府县市财政整理处处长、田赋粮食管理处处长、国民参政会参政员，川康区食糖专卖局局长。新中国成立后，任四川文史研讨馆研究员。主编有《四川财政汇编》、《四川财政大事记》。撰有《四川防区时代的财政税收》、《解放前四十年之四川财政》等。

八年抗战的漫长岁月中，由于四川这个"大后方"是"陪都"重庆所在地，负担尤其巨大，几乎撑起了大半个中国！

数不清的四川百姓，同样以自己的血汗、血泪书写了整个民族的辉煌胜利！

仅抗战最困难时期，四川就负担了国家财政总支出的30％以上。以八年总计，国家共支出14640亿元（法币），四川就负担了约4400亿元。此外，四川出粮也最多，仅1941年至1945年，四川共征收稻谷8228.6万市石，占全国征收稻谷总量的38.75％、稻麦总量的31.63％。

这么多粮食，都是四川百姓勒紧腰带咬紧牙关从口粮中挤出来的。

1941年，四川省田赋管理处处长甘绩镛行经南潼，在一处茅草房前歇脚休憩，问一个老农："今年收成和生活情形咋样？"老农回答说："老天爷不作美，我们经常以苕藤菜叶和杂粮充饥。"

　　甘绩镛又问："粮食不够，还给国家纳粮吗？"老农民说："我应缴的粮食都缴了，左邻右舍都是这样的！"甘绩镛说："你们自己都填不饱肚子，还有啥余粮缴公呢？"

　　老农慨然应道："军队去前方打仗，没粮食就吃不饱，就是有命也不能拼啊……只要能打胜仗，赶走日本鬼子，能过太平日子，我们老百姓暂时吃苕藤树叶，也有想头。"

　　还有一个农妇，儿子出川抗战，她孤身一人无余粮交公，就把陪伴自己的一只猫儿卖了买粮交公。

　　而川军抗战的壮举，更激发了无数四川青年投军报国的热情。

　　1943年是抗战最艰苦的阶段，国民政府军事委员会令四川在一个月内征四五万名知识青年从军，飞赴印缅补充远征军兵员。

　　四川无数大中学生和公教人员群情激昂"泣请从军"，很快就有四万多人奔赴前线……

　　其实，四川各地热血青年踊跃从军的高潮从未间断过。

　　1943年11月21日中国共产党主办的重庆《新华日报》第三版上刊登过一则消息：新津县的爱国模范、72岁高龄的高尚奇，十分痛恨日本侵略者。他动员四个儿子中的三个先后去参军抗日，仅留老三高光田在家做小生意维持一家六口人的生活……

　　曾被誉为"模范父亲"的安县王者成老人，在为自动请缨出征的儿子王建堂送行时，场景更是催人泪下：谁也想不到，他赠给儿子的竟是一面"死"字旗！

　　在白布旗的正中，是一个大大的"死"字。旗子的左方写道："国难当头，日寇狰狞。国家兴亡，匹夫有分。本欲服役，奈过年龄。幸亏有子，自觉请缨。赐旗一面，时刻随身。伤时拭血，死后裹身。往勇直前，勿忘本分！"

　　1942年，抗战进入相持阶段以后，由于粮食奇缺，全川物价暴涨。据统计，仅成都一地，自1942年12月至1943年1月，一月之内米价上涨三倍以上，粮、糖、盐、火柴等，都曾限量供应，几千万四川普通民众因此挣扎在饥寒线上。

然而，为了支持前方的抗战，就算在这样万般艰难的情况下，四川百姓们仍加紧耕种、生产，支援前方。抗战军队的军火枪械、军衣被服等，当时主要是靠待遇菲薄的四川工人日以继夜加班加点赶出来的。

到抗战中后期，国家财政极度困难，军费紧张，全川又掀起了献金高潮。1944年春，国民政府军委会副委员长冯玉祥将军到川中各地劝导节约开支，奉献钱财，进一步推动了献金运动在全川展开。

这年1月17日，"成都市各界民众献金救国大会"在少城公园内举行。从官员到市民、商人、教师、川剧艺人……人人踊跃捐献。

最后催人泪下的情景出现了：一长串衣不蔽体、瞎眼跛脚的乞丐，一个挽一个跟跟跄跄地把乞讨来的全部铜元、分币叮叮当当放进"救国献金柜"里，然后蹒跚着走下台。看着此情此景，全场哭泣声四起，人们争先恐后地掀起又一轮献金高潮！

"敌军一日不退出国境，川军一日誓不返乡"，"男儿欲报国恩重，死到沙场是善终！"的口号声响彻会场。

据国民党中央宣传部发表的不完全统计，抗战中四川各地献金总额为5亿多元。这些钱，是四川人民一点一点挤出来的血汗钱！正是这一笔笔沾染着民众血泪的巨款，有力地支持了抗战。

日本人同样深知"中国大后方"四川的重要，仅对四川的轰炸前后就持续了六年多时间，四川百姓因此承受了巨大的苦难。据统计，在日本对四川的轰炸中，共有26000余人被炸伤，22500余人被炸死，财产损失难以统计……

为了配合盟军和空军作战，从1943年12月起，空军需要在成都周围的新津、邛崃、彭山、广汉、温江、德阳等地，新修或扩建数个大型机场。修筑工程浩大而艰巨，需要动员民工150万人参加。

四川各地的群众纷纷赶来修筑，修抗日机场的行动基本上成了全民动员的自发行动。然而，就是这些衣衫褴褛忍饥挨饿的民工们，不畏艰难，硬是凭着一双双手和简单的工具，在半年时间里就修建好所有机场。

1944年6月16日，中国空军第一批B29轰炸机群从成都附近各机场起飞，飞到日本钢铁中心八幡市上空投弹，八幡霎时变成一片火海——这是中国第一次远程轰炸日本本土。

到1944年年底止，从成都附近各机场起飞的B29飞机对日本本土及其占领地投下的炸弹共计3623吨，令日本侵略者心惊胆寒！

◎故事感悟

　　四川百姓，包括无数来自他乡各地的民众们所缔造的抗战奇迹流芳千古！这些早已隐没在历史陈迹中的官兵们、百姓们，撑起了抗战时期半个中国的历史天空。他们纵然平凡、普通，却是那个时代中的英雄。

　　国家有难，匹夫有责。川人抗战的事迹，可以说是对这句名言最好的诠释。

◎史海撷英

常德会战

　　1943年11月初，日寇出动16万精兵，自华容至松滋地区之间分三路向湘西北发动强攻，妄图一举占领常德，并威胁长沙、衡阳。中方共约21万官兵奋起抗击，在暖水街、茶元寺、石门、慈利等处谱写了一曲曲痛击日寇的英勇篇章。在常德城保卫战中，七十四军五十七师8000男儿在常德民众的支持下与日寇展开了肉搏，虽然几乎全部壮烈牺牲，但也让日军丢下了上万具尸体。五十七师将士以一师兵力守弹丸之地达16天，为中国军队形成对敌的反包围赢得了主动，迫使进城没几天的日寇仓惶撤退。这是抗日战争时期继上海、南京、台儿庄之后规模最大的一次会战，也是抗战以来最有意义的胜利之一，在整个抗日战争乃至第二次世界大战中都具有一定的地位。

◎文苑拾萃

战时陪都重庆

　　重庆，在抗战期间和新中国成立前具有"双都"的身份，即"战时首都"和"永

久陪都"。

从1937年11月中华民国国民政府(简称"国府")发布《国民政府移驻重庆宣言》到1946年5月5日发布《还都令》(还都南京)的八年半期间,重庆一直是中国的"战时首都"。此外,在国民党政府于1940年9月6日定重庆为"陪都"至解放军于1949年11月30日解放重庆的九年多期间,重庆也是中国的陪都。

抗战前,中国的首都是南京,重庆是行政院直辖市。1937年"七七卢沟桥事变"后,日本大举侵略中国,直逼南京,形势非常危急。1937年11月17日,国民政府主席林森率领大小官员撤离南京,并于三日后在武汉发布《国民政府移驻重庆宣言》,宣布迁都重庆,重庆正式担负起中国战时首都的责任。

1940年9月6日,国民政府发布《国民政府令》,正式颁令"明定重庆为陪都"、"还都以后,重庆将永久成为中国之陪都",既明确了重庆担负"战时首都"的法律地位,也宣示了即使还都南京后,重庆作为陪都的地位也不会改变,即"永久陪都"。

红军坝——饮水思源

◎五人团结一只虎，十人团结一条龙，百人团结像泰山。——邓中夏

博古（1907—1946）原名秦邦宪，字则民，江苏无锡人。曾在上海大学、莫斯科中山大学学习过。1931—1935年为中国共产党实际最高领导人。由于在担任党和红军主要领导工作期间，积极推行"左"倾教条主义、冒险主义的错误，红军被迫长征。长征途中遵义会议上，他被取消中共中央总负责人职务。1946年，从重庆返回延安途中，因飞机失事遇难。

1931年，从端午节起连续刮了48天西南风，滴雨未下。沟塘干涸了，禾苗枯萎了，叶集南边彭州一带薄沙壳地，干得冒狼烟。望着焦黄的禾苗，苏区的农民急得像热油煎心。这年他们刚从地主老财手里夺回土地，庄稼种得好、管得细，眼看就要丰收到手，谁料想却来了个卡脖旱！而那些夹着尾巴逃到白区的土豪劣绅们却暗暗地幸灾乐祸，有的还散布谣言："共产党、红军，共产共妻，天怒人怨，老天爷放天火烧了他们的庄稼。今年断种绝粮，明年老东旧主好还乡！"龟缩在白区的反动民团也乘机加紧对苏区骚扰破坏。

能不能抗旱夺丰收，不仅关系到百姓的生活，也直接关系到苏区能否巩固和发展。在这节骨眼上，红军首长派模范营来支援，要他们配合地方武装保卫苏区、扩大苏区，同时和农友们一道开展抗旱斗争，夺取农业丰收。于是，苏维埃政府带领人民在红军的支援下，开始了拦河打坝的工程。一时间，在郭家洼、四里店一带，出现了千军万马向大自然开战的壮观场面。

在2000多人的日夜奋战下，拦河坝从史河两岸飞快地向河中心延伸。七

天以后，大坝就要合龙了。红军模范营的战斗连和四乡赤卫队组成的突击队担任了主攻大坝合龙的任务。河水被大坝逼到了狭窄的合龙口上，水流湍急，50多公斤重的草包一落进"龙口"，立刻被急流冲跑了。赤卫队连长李德玉急得眼睛都红了，只听他一声大喊："下水！"纵身跳进激流里，但还没等他落到河底，一个急浪就把他冲出几十米远。当他被人们扶上岸来时，见红军战斗连连长和十几名战士已经手拉手地站在水里，他马上又跳了下去。赤卫队员也一个接一个地跳下去。霎时，筑起了一道又一道人墙，急流被迫减缓了速度，人们趁势打下了一根根木桩，又在木桩前夹上门板、木板，然后放下草包，拦住水头，再填上麻包，大坝终于合龙了。紧接着，军民又连续战斗了三天三夜，把大坝加高加厚，于是一条长达1.5公里多的大土坝，像巨龙似的屹立在史河中间。那河水被挡住了去路，不到两天时间，就涨满了河筒子，然后朝两条支流——南桥河、马道河欢快地奔去，直扑两岸干渴的土地。军民们又加高了南桥河和马道河的河堤，还挖了一条1.5公里长的渠道，救了4万多亩庄稼。苏区群众一个个舒心展眉地笑了。

乡亲们饮水思源，都说：没有红军，便没有人民的天下；没有红军的帮助，也打不起拦河大坝。为了让子孙万代牢记红军的恩德，群众把这个大坝叫做"红军坝"。

这一年，尽管70多天没下雨，但是在苏区却是五谷丰登。人们载歌载舞，庆祝用汗水赢得的第一个丰收年。

◎故事感悟

红军是工农的子弟兵，急群众所急，想群众所想，当然就得到群众的衷心拥护和爱戴。这样的军队必然战无不胜。

◎史海撷英

中华苏维埃共和国政府

中华苏维埃共和国政府是第二次国内革命战争时期，中国共产党在中央革命根据地建立的中央政权机关，即中央工农民主政府。1931年11月7—20日，在江西瑞金召开的第一次全国工农兵代表大会上宣告成立，来自闽西、赣东北、湘赣、湘鄂西、琼崖和中央等根据地，红军部队以及在国民党统治区的全国总工会、全国海员总工会的610名代表出席了大会。毛泽东向大会作政治报告。大会通过《中华苏维埃共和国宪法大纲》、土地法令、劳动法和关于经济政策的决定等法律文件。大会选举毛泽东、周恩来、朱德、项英、张国焘等63人为中央执行委员，毛泽东为中央执行委员会主席，项英、张国焘为副主席。通过了《宪法大纲》以及《土地法》、《劳动法》和《婚姻法》等。大会规定在中央工农民主政府下设组织、军事、外交、劳动、财政、土地、教育、内务、司法、检察、政治保卫局等机构。苏维埃政府主要任务是在中国共产党的领导下，带领各根据地人民进行武装斗争、土地革命和政权建设，发展根据地的经济和文化教育事业。

中华苏维埃共和国临时中央政府是以工农为主体的人民民主政权。它的建立，对各根据地在一定程度上起到了加强中枢指挥的作用，在政治上也产生了很大的影响，对于鼓舞革命群众的斗志，推动革命斗争的进程，有着积极的作用。它也是中国共产党领导与管理国家的初步尝试，在其后近三年时间里，在政权、军队、经济和文化建设方面，取得了一定的成绩，提供了十分宝贵的历史经验。

1934年10月政府随红军撤离江西苏区，1935年10月转移至陕甘苏区，1937年9月22日宣布取消。

◎文苑拾萃

中央苏区首都——瑞金

1931年11月7日，中国共产党创建的第一个全国性红色政权——中华苏维埃共和国临时中央政府成立，并把瑞金定为首都。瑞金随之更名为"瑞京"，成为全国苏区政治、经济、军事和文化的中心。1934年10月10日，中央革命军事委员会和中共中央及临时中央政府等机关随部分中央红军（红一方面军）从这里出发开始长征。

改革开放以来，经济结构日趋合理，城市功能不断完善，基础产业和基础设施明显加强，供电、供水、交通、通信的"瓶颈"制约得到根本缓解，瑞金也已经成为赣南、闽西、粤北的商业贸易重要城市。

九个炊事员

◎我们的事业是正义的，我们的团结是坚强的。——格言

谢方祠，江西泰和人。长征途中任三军团一个连的司务长。新中国成立后任总后勤部驻绥芬河基地转运站站长。1955年授大校军衔。

长征的时候，谢方祠在三军团的一个连队里当司务长。连里有九个炊事员。

那时候，天天行军、打仗，上级为了减轻炊事员的负担，规定每人只准挑四十斤，可是他们都打了埋伏，把粮食装在铜锅里，每个人都挑有六七十斤。开党小组会的时候，他们还给谢方祠提意见，说他只知道照顾炊事员，不关心战士，万一到前边弄不到粮食，部队吃什么？大伙儿都是为战士着想。谢方祠没有什么话说，只好让大伙儿多挑些。

行军路上，炊事班最热闹：锅撞碗，刀撞盆，叮叮当当乱响一阵；副班长老刘还不时讲个笑话，唱个山歌，逗得大家哈哈大笑。战士们一见就说："看，我们的戏班子来了！"走得高兴了，他们还打着哨子飞跑，就像六七十斤的挑子没放在肩上一样。

可是，炊事班在行军中是最辛苦的。中途部队休息，他们要烧开水给指战员们喝；宿营时，他们又要安锅灶、劈柴禾、洗菜、煮饭，每夜只睡两三个小时。

部队进入广西之后，山区人家少，粮食供应有了困难，这就更加重了炊事班的工作。他们经常要翻过好几座山，跑到部队的最前面去买谷子，谷

子须把皮碾掉才能吃。有一次，他们不知从哪里找了个小石磨，班长怕以后找不到石磨，就花钱向老乡买了下来。于是炊事员行军路上又增加了这一百三四十斤重的笨家伙。后来，副班长又在路上拾到一个破筛子和一个破簸箕，也把它挑上了。从此，炊事班不再叫戏班子，而被战士们称做"小磨坊"了。

不久，部队在贵州土城的东南山上阻击敌人，他们连坚守在前沿阵地上。炊事班被隔在后面，几次派人送饭都被敌人打回来。战士们一天一夜没吃饭啦，副班长急得围着锅灶直转圈。他和几个炊事员嘀咕了一阵，说："司务长！让我和老王再送一次吧！"他把饭背在身上，就跟老王走了。大伙儿站在山头上看着他们，只见老王在前，副班长在后，飞快地从敌人的封锁线上跑过去。大家正想拍手叫好，敌人的轻机枪响了，老王一个跟斗栽倒了。紧接着，副班长也倒下了。司务长和战士一阵难过，都认为他俩牺牲了。谁知到了半夜，他俩又回来了。副班长开玩笑地说："我们上阎王爷那儿去报到，可小鬼不让我们进门！"原来他们是为了欺骗敌人故意倒下的。靠他们的机警，到底把饭送上了阵地，保证了战斗的胜利。

一出贵州，炊事班长就闹眼病，两只眼红通通的，肿得像个桃。但他还是挑着70多斤的担子，拄着棍子跟着部队走。开始，他的眼睛只是淌眼泪，后来流起黄水来，可他还是不闲着，总要找点活儿干。

进入雪山之前，上级通知轻装，他们把不必要的炊事用具都扔掉，只挑着可供全连吃一两天的粮食。另外，每人还带了些生姜、辣子和十几斤干柴。

梁子大山很高，部队整整爬了一天。山上空气稀薄，到处是白花花的积雪，树枝上也都是冰花。爬到山顶，有人实在走不动了，就坐下来休息，可是一坐下就起不来了。炊事员便赶紧上去喂生姜，灌辣子水，把他拉起来。这时，炊事员又都变成了卫生员。炊事班的口号是："不让一个战士牺牲在山上！"但就在抢救战士的时候，有两个炊事员自己却倒下了，不论大伙怎么喊，怎么喂生姜、灌辣子水，都无济于事，再也起不来了。

到了毛儿盖，部队休整了一个时期。在这里每人又准备了10天干粮，炊事班还多准备了一些青稞麦。

进入草地的第二天，炊事班长又提议："司务长！战士们走烂泥地，脚都泡坏了，不烧点热水烫烫脚怎么行呢？"司务长不是没想到这一点，而是觉得草地行军炊事员比战士更辛苦，担米、做饭已经够受的了，怎能再加重负担呢？他没同意。可是一到宿营地，他们就把洗脚水烧好了。战士们都异口同声地赞扬炊事班工作做得好，关心大家身体。

情况越来越严重。有一天早上，一个炊事员挑着铜锅在司务长前面走，忽然身子一歪倒下去，一声不响就牺牲了。第二个炊事员从他身后跑过去，铁青的脸上挂着眼泪，拾起铜锅又挑起走。

草地的天气变得快极了：一会儿是狂风，吹得人睁不开眼；一会儿又是暴雨，淋得人直起鸡皮疙瘩。正午，雨下大了，部队停下休息，炊事班赶忙找个地方支起锅，烧姜汤、辣子水给战士们解寒。汤烧开了，刚才挑铜锅的炊事员端着碗往战士手里送。他刚把姜汤递给战士，便一头栽倒在地上，停止了呼吸。仅仅半天工夫，眼睁睁地看着牺牲了两个同志，怎能不令战士们伤心呢？

第五天晚上宿营时，连长要给炊事班补充几个战士。这事让炊事员知道了，他们推举班长去见连长。班长对连长说："连长，绝不能在连里抽人，影响部队的战斗力；牺牲的同志的担子，我们担得起！"连长考虑了一下，觉得他的话有道理。那时候连队经过几次战斗，一百多人只剩下30多个，也实在不能再往炊事班里调了。

刚交后半夜，老钱偷偷爬起来为同志们烧开水。司务长知道他昨天还发高烧，要他休息，但他怎么也不肯休息。于是司务长便起来帮助他。司务长望着他矮矮的个子，消瘦的面孔，不禁想起许多往事来。

他们在家乡是邻居。老钱没有一个亲人，是孤单单的穷汉子。后来家乡来了红军，他就参加了革命。那时谢方祠还在家里，他常跑去说："老谢！你还不参加红军？蒋介石骑在咱们头上拉屎，三天两头'围剿'、进攻，你能咽下这口气？"在他的宣传和影响下，谢方祠才参加了革命。长征路上，他最辛苦，几十斤的担子挑在肩上，从不让别人换；宿营时，总是要别人休息，却把活儿抢过去自己干。长期下来，他瘦得皮包骨，大家劝他多注意身体，可他总是说："没关系，我又能吃，又能睡，累不倒。"他对战士非常关心，就是在连续行军的情况下，也千方百计想法改善生活。打土豪分到了腌鱼、腊肉，自己从来舍不得尝一尝，全都留给战士们。因此，战士们一提到他，总是非常自豪地说："有我们的钱班长在，就别愁饿肚子……"

司务长正想着，班长又在旁边催促说："老谢，你去休息吧，我一个人就行了。"他的话打断了谢方祠的思路。借着火光，谢方祠发现班长脸上滚动着黄豆大的汗珠，觉得有点不对头，刚要问他，只听到他用低沉的声音说："老谢，给我点水喝！"这时水开了，谢方祠忙把锅盖掀起来，忽听身后噗通一声，回头一看，老钱倒在地上不动了。谢方祠急忙走前几步伏在钱班长身上，叫着、喊着。灶堂里火光熊熊，钱班长的身体却在司务长的胸前渐渐变冷了。有的人死在战场上，有的人死在酷刑下，而钱班长却死在他的岗位上——锅灶前。

炊事员们醒了，连首长、战士们都来了，大家都沉痛地淌着泪。

第二天，铜锅又被另一个炊事员挑着前进。每天宿营，部队还是照常有开水和洗脚水。

部队到达陕北的时候，那口铜锅担在司务长的肩上。连长看见了，低下了头；战士们看见了，流出了眼泪；司务长呢？眼泪早就干了。大家嘴里不说，心里都知道，炊事员全牺牲了。可是，在最艰苦的长征中，连里的战士除了战斗减员以外，没有因饥饿而牺牲一个人。而那口标志着烈士们功绩的铜锅，仍被珍贵地保留在他们的连里。

◎**故事感悟**

长征一路走来，炊事员相继倒下，但没有让战士们因饥饿而牺牲一个人。他们一心为集体团结一致，一心为了革命胜利的献身精神，赢得了集体中每一个人的由衷崇敬。

◎文苑拾萃

三个和尚有水吃

山上有座庙，庙里有个小和尚。他每天挑水、念经、敲木鱼，给观音菩萨案桌上的净水瓶添水，夜里不让老鼠来偷东西，生活过得安稳自在。不久，来了个长和尚。他一到庙里，就把半缸水喝光了。

小和尚叫他去挑水，长和尚心想一个人去挑水太吃亏了，便要小和尚和他一起去抬水。两个人只能抬一只水桶，而且水桶必须放在扁担的中央，两人才心安理得。这样总算还有水喝。

后来，又来了个胖和尚。他也想喝水，但缸里没水。小和尚和长和尚叫他自己去挑，胖和尚挑来一担水，立刻独自喝光了。从此谁也不挑水，三个和尚就没水喝。

大家各念各的经，各敲各的木鱼，观音菩萨面前的净水瓶也没人添水，花草也枯萎了。夜里老鼠出来偷东西，谁也不管。结果老鼠猖獗，打翻烛台，燃起大火。三个和尚这才一起奋力救火，大火扑灭了，他们也觉醒了。从此三个和尚齐心协力，水自然就更多了。

保证战斗胜利的"人桥"

◎团结就是力量。——谚语

李尚清（1932—　），山东省昌邑人。1946年加入中国人民解放军，历任通讯员、文化教员、连指导员、团政治处干事、科长等职。"文革"后，曾任解放军241团（潍县团）副政委，后又任石家庄高级步校（今石家庄陆军指挥学院）政委。1982年转业到昌潍农校任副校长。

1948年11月9日，参加淮海战役的人民解放军某部奉命从新沂出发，追歼西逃之敌。当抵达宿迁西北约四十公里处的堰头镇时，不料被一条十米宽的沂河挡住了去路。

面对这突如其来的情况，冲在最前面的"潍县团"二连一排三班的10名同志，在附近老乡支援下，立即动手架设浮桥。三班长、共产党员马选云带领三名同志抱着桥板冲向河沿。负隅顽抗的敌人发现后向他们疯狂扫射。突然，一颗炮弹落下来，抱着桥板的党小组长张文平当场牺牲，副班长彭其榜和另一名战士用树枝、高粱秸绑成的桥腿也被炸得稀巴烂。进攻部队陆续赶到河边，再架浮桥已来不及了。

在这紧急关头，三班同志急中生智，迅速搬来两架梯子。共产党员、副排长范学福把桥板往梯子上一搭，一个箭步跳进河里，振臂高呼："没有桥腿，我们当桥腿！""同志们快下来扛啊！""对，我们当桥腿！"马选云紧跟着也跳进河去，接着大家一拥而下。战士潘福全、杨玉艾发现桥面有些高，便半跪在水里支住浮桥。范学福和共产党员、战士宋协国主动立在水的最深处，

一边抬桥，一边回头向岸边呼喊："同志们，大胆过吧！桥很保险！"

部队从隐蔽的地方冲出来，像离弦的箭从桥上通过。桥下九位同志的肩上负担着150来公斤的重量。战士杨学志突然被压倒了，但他吐了几口，又马上站立起来；病未愈的马选云累得两眼直冒金花，身体抖得东摇西晃，身旁的彭其榜一把拉住他，用尽全身力气维持住桥面的平衡。

部队一批又一批地从勇士们的双肩上疾跑而过。战士滑倒在架桥同志的头上，他们就用头顶住，让他爬起来。不知是谁踩住宋协国的脖子，他就硬挺着脖子，使那个战友安全通过。三连的战士鲁玉柴掉在河里，宋协国就让范排副一个人抬着两个桥头，他去救起鲁玉柴。战士孙克潘一面抬桥，一面还用一只手不断拉着掉在水里的同志。超负荷的重载、冰凉的河水、刺骨的西北风，使桥下的勇士们一个个咬得牙齿咯咯作响，桥面也渐渐下沉。宋协国看到这种情况，心想，身为共产党员，这个时候一定要起先锋模范作用。他强打精神，唱起了自己平时最喜欢的一首歌：

"野战军什么也不怕，艰难困苦吓不倒咱，金沙江大渡河多么险要，也让红军战士踩在脚下……"

歌声鼓舞了全班战士，"憋住气，咬紧牙，挺直腰！""坚决完成任务，保证全营、全团顺利通过"等口号声此起彼伏，桥面又恢复了平稳。

九位同志一直在冷水中坚持了将近两个小时。当团参谋长带着最后一批人通过时，这位久经战火锤炼的老兵注视着战士们僵硬的躯体和冻得发紫的嘴唇，情不自禁地赞叹："世界上有铁桥、石桥、木桥，却从没听说过有'人桥'，只有共产党领导下的人民军队，才能创造出这人间奇迹！"

战后，二连三班荣立集体一等功，被师授予"河上勇士"光荣称号。

◎故事感悟

一个团结战斗的小集体，为了大集体的利益，创造了人间奇迹！这就是群体的力量，小群体服从于大群体，群体的精神和力量，是夺取最后胜利的有力保障。

◎史海撷英

解放军的各野战军

解放战争期间，中国共产党为了适应平原地区大规模作战的需要（华北、华东、东北、中南），改变一直以来小股部队打游击战的方式，将旗下的武装改编成较正规的大规模作战集群，集中优势兵力以彻底摧毁国民党的有生力量。共组建了五大野战军，首长都是新中国成立后首屈一指的开国功勋，野战军系方面军级单位，下辖若干兵团、军（也有独立师、纵队）。每个野战军兵力不等，从十几万到上百万左右，完全可以挑起在大地区单独对抗国民党正规部队的重任。

第一野战军：原西北野战军（西野），由抗战时期贺龙、关向应等领导的陕甘宁晋绥联防军的主力部队逐步发展而来的。

第二野战军：原中原野战军（中野），前身是抗战时期赫赫有名的八路军一二九师和晋冀鲁豫野战军一部。

第三野战军：原华东野战军（华野），以抗日战争时期在华中的新四军大部和山东的八路军一部为基础。

第四野战军：原东北野战军（东野），是由抗日战争转入大反攻后进军东北的八路军、新四军主力各一部及东北抗日联军逐步发展起来的。

华北野战军：原晋察冀野战军，是由抗战时期八路军晋察冀军区部队主力和晋冀鲁豫部队一部经编组改建而成的，由八路军一一五师一部发展而来。

三大战役中，东北野战军、华北野战军、华东野战军、中原野战军分别在辽沈战役、平津战役和淮海战役重创敌生力军，显示了野战军庞大部队的压倒性进攻力量。

解放战争结束后，野战军建制逐步取消。

◎文苑拾萃

无衣

岂曰无衣？与子同袍。

王于兴师，修我戈矛，与子同仇！

岂曰无衣？与子同泽。

王于兴师，修我矛戟，与子偕作！

岂曰无衣？与子同裳。

王于兴师，修我甲兵，与子偕行！

反映战士的友谊。从穿衣到赴敌，愿共患难。

这首战歌，每章第一、二句，分别写"同袍"、"同泽"、"同裳"，表现战士们克服困难、团结互助的情景。每章第三、四句，先后写"修我戈矛"、"修我矛戟"、"修我甲兵"，表现战士齐心备战的情景。每章最后一句，写"同仇"、"偕作"、"偕行"，表现战士们的爱国感情和大无畏精神。这是一首赋体诗，用"赋"的表现手法，在铺陈复唱中直接表现战士们共同对敌、奔赴战场的高昂情绪，一层更进一层地揭示战士们崇高的内心世界。

《无衣》表现了奴隶社会时期人民保家卫国、团结对敌、英勇献身的思想感情，真实感人，慷慨雄壮，确是一首充满民族精神而又富有艺术魅力的古代军歌。

坑道被炸塌之后

◎同其心然后可以致其功。——《春秋繁露》

王扶之（1923—　）别名王硕。陕西省延安县（今延安市）人。1935年参加中国工农红军，同年加入中国共产主义青年团，1936年转入中国共产党。土地革命战争时期，任红十五军团第七十八师测绘员。抗日战争时期，任八路军一一五师三四四旅六八七团侧绘股长，新四军第三师八旅二十二团通信参谋、副连长、师司令部通信股长。解放战争时期，任东北民主联军营长，第一一六师作战科长，东北野战军第二纵队五师十四团副团长，第四野战军三十九军一一五师三四三团团长。中华人民共和国成立后，任中国人民志愿军副师长、师长、中国人民解放军军参谋长、副军长兼参谋长、解放军总参谋部作战部副部长、部长、山西省军区司令员、乌鲁木齐军区副司令员，1964年晋升为少将军衔，是中国共产党第十一、十二届中央候补委员。

生命对每个人来说，只有一次，但是党的关怀，同志的友爱，革命大家庭的温暖，却使王扶之获得了第二次生命。

1952年8月2日9时许，在师前方指挥所作战室里，师长王扶之正和作战科长苏盛轼、参谋陈志茂一起研究拟写向志愿军总部汇报战斗经验的电报。《人民日报》记者柳民在赶写报道，另几位同志在忙着处理作战事宜，只听"轰隆"一声巨响，一颗重磅炸弹在作战室顶上爆炸了。顷刻间，作战室被炸塌，在场的七个人全部被埋压在坑道里面。

情况发生后，外面的同志们十分着急，迅速将此情况上报。彭老总得知王扶之等人被压在洞中的消息后，亲自指示：要想尽一切办法，将王扶之等抢救出来。万一牺牲了，也要将遗体挖出，送回祖国安葬。师政治委员沈铁兵和参谋长程国瑶亲自指挥师工兵部队，冒着敌人的炮火抢救他们。

在坑道被炸塌的瞬间，王扶之感到被一股猛烈的力量一推，便失去了知觉。当他醒来的时候，觉得四周一片漆黑，耳内嗡嗡作响，身体好像被什么东西绑压着。他意识到自己还活着，立刻急不可待地大声呼唤另外六位同志的名字，但只听到了苏盛轼和陈志茂低弱的回应声。

"首长，你怎么样？""苏科长，伤着没有？""陈参谋，你在哪里？"经过互相呼唤，弄清了每个人的位置和情况。炸弹爆炸的气浪把他们三个人推到了坑道尽头，各自被压在一个角落里。苏科长伤势最重，三根肋骨被砸断，胸腔内部受伤；陈参谋的一条腿被夹压在木头缝里，拔不出来；王扶之的右腿也被夹在木头缝里，受了伤。他们互相鼓励，忍着疼痛，奋力用双手挖压在身上的木石土块。经过三四个小时的努力，王扶之头一个从挤压中解脱出来，急忙又去帮助他俩。经过大半天时间，其他两位也终于解脱出来了。

几人立即设法和外面联系。在黑暗中，他们把原有的五六部电话机都摸遍了，可是电话线全部被炸断，无法通话。他们又拿起脸盆、水桶、饭盒拼命敲打，盼望外面能听到他们的声音。敲了半天，也没有听到外面有一点反响。在数十米深的坑道中，这点声响怎能传到地面？但是，想和外面取得联系的急切心情，促使几个人一直不停地敲打。

在坑道里，他们赖以生存的天地只有两米见方。洞顶不断落土掉石，他们只得紧紧靠在洞壁比较坚实的地方。吃，没一粒米；喝，没一滴水；空气也好像枯竭了，憋得人喘不过气来。为了坚持下去，他们停止了敲打，半躺着休息，尽量不活动，减少消耗。他们又把各自的尿集中在一起，准备以尿代水。

大约在第二天上午，他们突然感觉到除炮弹爆炸的震撼声外，还有一种连续不断的挖掘声。"听，是同志们在抢救我们！"他们三个人同时呼喊起来。王扶之激动地向他俩说："我们一定要坚持下去，要活着出去，要和同志们一起战斗！"他俩也表示："领导和同志们给我们希望，我们决不让他们失望！"

　　时间一分一秒地过去了，他们的呼吸越来越困难，整个心胸好像被土石填满，喉咙也干渴得像着火冒烟。苏盛轼由于干渴、缺氧和伤痛，已经神志迷糊。王扶之叫他喝一点保存的尿水，但他坚决不喝，说："首长，你和陈参谋喝吧，我不喝了！"他知道自己的伤势重，难以坚持，要把尿水让给能坚持出去的同志喝。王扶之又叫陈参谋喝，他也不肯喝，反而劝王师长："首长，你喝吧！你一定得坚持出去，去指挥部队战斗！"他俩都不喝，王扶之急了，就对他俩说："苏科长、陈参谋，不喝水是要死的呀！军队有组织纪律，我命令你们喝。"他俩只得把尿水端起，用嘴抿抿，又递给王扶之喝。王扶之再也抑制不住自己的感情，立即泪如泉涌。脱险后，苏盛轼和陈志茂曾开玩笑地对王扶之说："首长，你可别再下命令叫我们喝尿了！"是啊，如果在平时，这是不可想象的行为。但在滴水难觅、面临死亡的时刻，同志之间推让的哪是尿水，而是生命的甘泉！

　　在坑道深处，他们同心协力坚持着。在坑道外面，战友们挖掘不止，恨不得立刻救出自己的同志来。总部和军首长一再来电话催促加快速度，反复叮咛要细心观察。师工兵营一位副连长，从开始挖掘抢救时，就派专人昼夜观察。第三天中午，这位细心负责、有科学头脑的副连长，发现从土石的缝隙中飞出了两只苍蝇。这是存在生命的征兆！有苍蝇飞出，就证明有空隙；有空隙就有空气；有空气，里面的同志就可能生存着！沈政委和程参谋长得知了这个消息，马上又增派部队，加快挖掘抢救。四个小时之后，坑道终于被挖通。

　　沈政委和程参谋长亲自在洞口喊着他们的名字，当证实了还有三个人活着时，同志们兴奋地流出了热泪。

◎故事感悟

　　群体是个体的生存保障，在每个群体中，个体好像微不足道，可一旦无数个个体组成一个群体，就形成了无坚不摧的力量。让我们每个个体都热爱自己的群体——国家、民族。

◎史海撷英

上甘岭战役

上甘岭，是朝鲜中部金化郡五圣山南麓一个只有十余户人家的小村庄，因1952年10月14日的一场激烈争夺战名扬天下。中国人民志愿军所取得的辉煌胜利，使得上甘岭成为一座丰碑！

上甘岭战役是朝鲜战争后期僵持阶段的一次主要战役，战役由美国第九军发动，以争夺朝鲜中部金化郡五圣山南麓村庄上甘岭及其附近地区的控制权为主，属于"联合国军"金化攻势的一部分。此役前后历时43天，在3.7平方公里的地区，共发射炮弹超过230万发，双方伤亡约3万人。此战在中美两国都产生了深远的影响。

上甘岭战役的作战规模由战斗发展成为战役，其激烈程度是战争史上罕见的。"联合国军"炮兵和航空兵，对两山头共发射炮弹190余万发，投炸弹5000余枚，把总面积不足4平方公里的两高地的土石炸松1~2米。志愿军防守部队贯彻"坚守防御、寸土必争"的作战方针，依托坑道工事，坚决抗击"联合国军"的进攻。整个战役经历了三个阶段：第一阶段，争夺表面阵地；第二阶段，坚持坑道斗争；第三阶段，实施决定性反击。

◎文苑拾萃

电影《上甘岭》

《上甘岭》是第一部表现抗美援朝的经典影片，根据电影文学剧本《二十四天》改编，取材于著名的上甘岭战役。1956年长春电影制片厂出品。

影片讲述了上甘岭战役中，志愿军某部八连在连长张忠发的率领下，坚守阵地，与敌人浴血奋战，最终取得胜利的故事。

春天般的温暖

◎一花独秀不是春，百花齐放春满园。——雷锋

> 　　雷锋（1940—1962），湖南省望城县人。伟大的共产主义战士，中国人民解放军全心全意为人民服务的楷模。1962年8月15日，雷锋同志在执行运输任务时不幸因公殉职。雷锋在部队生活两年八个月的时间内，被授予中士军衔，荣立二等功一次，三等功三次，受嘉奖多次，被评为"模范共青团员"、"节约标兵"，被选为抚顺市人民代表大会代表。

　　雷锋是一名普通的中国人民解放军战士，在他短暂的一生中助人无数。伟大领袖毛泽东主席于1963年3月5日亲笔为他题词"向雷锋同志学习"，并把3月5日定为学雷锋纪念日。"雷锋精神"也激励着一代又一代人学习。

　　1960年1月8日，雷锋应征入伍，同年11月加入中国共产党。在部队的培养教育下，他进一步提高了政治觉悟，牢固地树立了全心全意为人民服务的思想和为共产主义奋斗终生的远大目标。他不忘阶级苦，懂得"怎样做人，为谁活着"，忠于党、忠于人民、忠于祖国、忠于社会主义；以"钉子"精神刻苦学习毛泽东著作和科学文化知识，不断提高为人民服务的本领；以甘当"螺丝钉"的精神，干一行、爱一行、钻一行，在平凡的岗位上做出了不平凡的事迹。在雷锋的带动和影响下，全班团结一心，在学习和各项工作中都做出了突出的成绩。

　　班里有个战士叫小乔，干工作样样都好，就是文化程度低，影响了他的进步。雷锋帮助他，真是下了苦功夫，给他讲学文化的重要性，讲学习方法，

在他遇到困难打退堂鼓的时候鼓励他增强信心。经过一段苦学，小乔有了明显进步，语文测验得了一百分。小乔高兴地对雷锋说："这个一百分，有你的一半功劳。"学算术的时候，小乔遇到了更大的困难，怎么也"不开窍"，雷锋又拿出了比以往更大的耐心和更高的热情，帮助他、点拨他，使小乔这个近乎文盲的战士，学会了加减乘除这些简单的数学运算。

同班战友小周是个乐观的小伙子。一天，他接到一封家信后，变得心事重重，沉默寡言。经过了解，雷锋才知道小周的父亲得了重病。小周思想进步，工作积极，不会因父亲有病而请假，只能在心里暗暗地着急。于是，雷锋设法问清了小周家的地址，用小周的名义写了一封信，还寄去了十元钱。

不久，小周接到家里的回信，告诉他寄去的钱收到了。吃药以后，父亲病情见好，叫他安心工作，不要惦记家里。小周非常奇怪，我没有给家里寄钱呀？当他了解到是雷锋以他的名义给家里寄的钱，感动得不知说什么好。

一天，同班战友小韩的棉裤被汽车电瓶里的硫酸烧了一个洞。他出车回来很晚，又累又困，钻进被窝就睡了。

雷锋夜里带班回来，看到有的同志蹬开了被子，他就轻手轻脚地过去盖好。这时，他发现了小韩被硫酸烧坏的裤子，心想，天这么冷，明天早晨不能让小韩穿这样的裤子去出操、出车。雷锋拿起小韩的棉裤想给他补一补，可一时又找不到合适的补丁布，琢磨半天，发现自己棉帽里的衬布很合适，便拆下来，一针一线地把棉裤补好。第二天出完早操回来，大家围在火炉边烤火时，小韩才发现自己的棉裤已经补好了，他惊奇地叫起来："是谁给我补的裤子？"大家都摇头，雷锋也默不作声。后来一个战士终于告诉小韩："雷锋为了给你补裤子，半宿没睡觉啊！""又是雷锋！"小韩感动地一下抓住雷锋的手。"这点小事，瞧你大惊小怪的。"雷锋放下小韩的手，拿起煤往炉子里添。小韩和同志们望着熊熊燃烧的火苗，心里都感到暖烘烘的。

◎故事感悟

雷锋对待同志就像春天般温暖，他继承和发扬了中华民族团结友爱的美德和解放军的光荣传统，时刻从政治上、思想上、生活上关心爱护每一个同志，把全班战友团结得像一个人一样，在革命事业中并肩前进。

◎史海撷英

全国学雷锋日

虽然雷锋只度过短短的22个春秋，可是他那闪耀着共产主义思想光辉的崇高精神却长留人间。伟大领袖毛主席在1963年3月5日亲笔题词"向雷锋同志学习"。因此把3月5日定为"学雷锋纪念日"。

◎文苑拾萃

《雷锋日记》

《雷锋日记》于1960年12月1日在沈阳军区机关报《前进报》上首次以一个版的篇幅摘录发表。当时的标题是"听党的话，把青春献给祖国——雷锋同志日记摘抄"。这次共摘发了雷锋从1959年8月30日至1960年11月15日的日记15篇。

1963年4月，《雷锋日记》由解放军文艺出版社出版，在全国发行，这也是第一本正式出版的《雷锋日记》，共选辑121篇，约4.5万字。这本日记的出版，满足了当时人们学习雷锋的需要，也成为对雷锋的"永久纪念"。

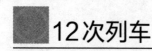
12次列车

◎天时不如地利，地利不如人和。——孟子

张敏媛，12次列车车长。

1959年11月，列车长张敏媛作为铁路系统的先进代表，出席了全国群英大会，受到毛泽东和周恩来等老一辈革命家的亲切接见。

1959年7月22日，铁道部接到从锦州铁路局发来的紧急报告：

"……绥中县前卫地区遭受到百年不遇的特大暴雨袭击，导致山洪暴发，水库决口……兴城至山海关之间的铁路设施和有关设备均被冲毁，通讯线路全部中断。前卫车站已被洪水淹没……12次特别快车失踪，虽已派出飞机侦察，但因地面云层太厚，始终没有找到该列车的踪影……"

临近黄昏时分，锦州铁路局领导接到来自前方救援队的报告：在距前卫车站大约7公里的洪水下游处，有人从洪水中打捞到一块12次列车上的"方向牌"。据此推断，12次列车的"出事地点"应当在前卫车站的左右区段至石河桥一带。

情况不外乎有3种可能：其一，列车已被洪峰卷走，并被洪水卷到下游低洼地带；其二，列车在石河桥上停车时，随即与垮塌的桥梁同时沉入水底；其三，列车现已脱离危险，可能驶向了地势较高的安全区域。

傍晚时分，绥中地区的大雨终于停了，天色渐渐笼罩在黑暗之中。从山海关和锦州方面派出的救援队伍仍在夜幕里继续寻找着失踪的12次列车……

12次列车的下落，牵挂着海内外各方人士的心，牵动着铁路内外各级领导的心，牵动着铁路员工及其家属们的心。

1959年7月21日晚，由沈阳开往北京的12次特别快车于22点35分正点发车。列车迎着洒洒落落的雨点前进，正点到达北京的时间应该是次日上午10点45分。沈阳客运段北京车队的"三八红旗包乘组"担当着此次列车的值乘任务，列车长由20岁出头的张敏媛和李桂芹担任。

7月22日拂晓，锦州以北地区的上空依旧是乌云密布、大雨滂沱，这里已经连降暴雨数日，并造成多处地区河水泛滥。当12次列车穿过锦州到达兴城之时，接到调度的命令："前方是石河桥，列车准备缓行，时速5公里……"

时间大约在5点左右，空中的雨点骤然变大，已经看不到常见的"点线"之形，完全变成了"瓢泼"之状，如同倾盆之水从天空降落。

暴风骤雨突然袭来，发疯似的冲撞着大地，冲击着奔驰的12次列车。司机长屏住呼吸，驾驶着机车在暴雨中缓缓行进，列车在穿越石河桥时，司机长发现前方有摇动的火光，几名养路工人在路基上拼命地高喊着："停车！停车！"

司机长见状，迅速紧急刹车，使12次列车的车身停在石河桥上，而车头已经跨上了桥西一侧的路基。

养路工人在暴雨中告急，前方大约100米的路段上，发现路基穿孔的重大险情，列车无论如何也不能再前进了，危险太大！

大雨继续下着，河水还在猛涨，桥下洪峰翻滚，天空漆黑如墨。列车前行有危险，停在桥面上更危险！怎么办？紧急之中，列车长、乘警长、运转车长和司机长纷纷跑向桥头，用护路部队的电话向锦州方面请示调度命令。在得到"后退"的指令后，12次列车迅速由石河桥倒退行驶，一直后退到前卫车站。在整列车体刚刚退出石河桥面之际，一股洪峰到达，将石河桥梁全部冲垮，真是好险呐！

列车退至前卫车站之际，张敏媛车长立即与车站的单站长取得联系。在询问最新调度命令时，才知道通讯线路已被洪水冲毁，他们现在已与上级完全中断了联系。单站长告诉张敏媛："此地的防洪形势特别紧张，防洪指挥部早有通知，一听到枪声，必须立即撤离！那是山洪暴发与水库决口的信号。"

单站长话音未落，就听见三声枪响。张敏媛等人同时向枪声传来的方向望去。此时，天空渐亮，已能看见远处朦朦胧胧的物体，只见从西北方向涌来一片白茫茫的水墙。洪水来啦！水头呼啸而至，那声音如同发疯的猛虎在狂吼，令人惊骇。洪峰的水浪有几层楼高，倾泻而下，瞬间即将地面的房屋推倒荡平。大树被连根拔起后卷入水流，就像水面上漂浮着一棵葱。车站附近原有一片较大的粮食仓库，眨眼工夫已被洪水夷为平地……

洪水向12次列车扑来，其势汹涌，淹没了车轮，扑打着车门和车厢。列车急速启动并退出前卫车站，向身后的高坡地带驶去。洪水追赶着列车，两者像比赛一样较量着速度……

列车在后退的路基两边，有许多刚从洪水中逃生出来的灾民。由于山洪暴发在清晨，不少村民在睡梦中就被夺去了生命。幸存者从洪水里爬上路基，拼命地向高处跑。跑不及的人则被洪水卷走。当12次列车从突然袭来的特大洪水中驶向远处的高地时，受困于洪水的灾民们看到了求生的希望，挣扎的灾民纷纷涌向列车……列车在后退行驶过程中，连续三次停车，并从洪水中抢救出350余名受灾的村民。

最终，12次列车停滞在一座土岗之上，这里是绥中县前卫地段铁路上的制高点。列车和旅客及灾民们总算安全啦！但四周全是洪水，一望无际，他们被洪水团团包围着，如同海洋中的孤岛，与外界彻底失去了联系。怎么办？洪水还会不会继续上涨？列车在此地还要等待多久？何时才能与上级取得联系？这一系列的问题摆到列车长面前，使23岁的张敏媛感到责任无比重大。她平生第一次经受着身心的双重压力：列车上有近千人的生命啊！

此时此刻，列车党支部发挥出核心作用。列车党支部决定：在当前特殊而紧急的情况下，要以列车上党的组织为战斗堡垒，带领大家团结互助，进行自救，共同战胜洪水。

沈阳音乐学院院长李劫夫向列车党支部建议，把旅客中的军人和政府工作人员组织起来，召开旅客代表会议，重点照顾好老人、妇女和儿童……党支部采纳了这位老党员的建议。

　　7月22日傍晚，大雨终于停了。这时候，从紧张状态里走出来的人们才感到又饥又渴，已经整整一天没吃饭啦！当年的12次列车是夜间运行，列车编组中没有餐车。列车始发时，车上的食品只有乘务人员自备作早餐用的一箱面包。而眼下近千人的吃饭与饮水问题，已成为列车上最为突出的头等大事。

　　聪明能干的列车长从下午开始，趁着雨水渐弱的间隙，组织有关人员到洪水中打捞漂浮的粮食，仅打捞出被毁粮库中的面粉、花生和高粱米就有2000多斤。列车只要就地取材，马上可以解决近千人的吃饭问题。张车长急中生智，经向当地政府领导请示，同意用打捞上来的面粉作为列车全体成员的粮食，而且是"需要多少拿多少"。

　　于是，旅客代表会议决定组织伙食团，成立了10个烙饼小组，到附近的上坡村，借用村民的锅灶烙饼，从4时许一直烙了四五个小时，总共烙了800多斤白面大饼。上坡村的老百姓还给12次列车送来600多个鸡蛋和一堆黄瓜，做成鸡蛋汤，用水桶挑到列车上……

　　就这样，乘务人员在危难之中，总算把近千人的吃饭饮水问题成功解决。大家情绪稳定，耐心等待着洪水的回落和救援队伍的到来。

　　7月23日，天空渐趋晴朗。当旅客们走出车厢时发现：空中有一架飞机在盘旋，并向列车所滞留的土岗上投放悬挂物品的降落伞。大约有40多箱空投物件落到列车的附近，上面写有"高级饼干，慰问旅客"的字样，人们激动地互相转告，兴奋地大声呼喊："毛主席派人来啦！咱们大家有救啦！"

　　从锦州和山海关派出去寻找失踪列车的各路救援队伍，终于在一片汪洋之中，找到了12次列车停泊的身影——沈山线388—389公里的高坡区段间。至此，列车已经"失踪"了近30个小时。

　　铁路部门的领导在洪水现场见到张敏媛车长时，紧紧地握住她的双手，问道："哎呀！你们还活着！都好吗？"其心情的激动程度实在难以言表，张敏媛兴奋地回答："我们都活着！大家挺好的，挺好的……"说话间，眼中的泪水却流了下来……

　　根据车上旅客的要求，在7月24日的旅客代表会议中，通过了两项决定：一是全列车开展卫生大清扫活动，清洁12次列车的车容车貌；二是举办全列

车的文艺晚会,庆祝12次列车战胜洪水。

7月24日午夜时分,被冲毁的通讯线路开始恢复正常,12次列车与前卫车站同时接到上级命令:列车明日返回沈阳。

7月25日8点30分,与洪水顽强拼搏、奋战了3昼夜的12次列车,在一声长鸣之后,满载着胜利的凯歌,驶回沈阳。

◎故事感悟

12次列车在突然遭到百年不遇的特大洪水袭击时,列车司乘人员团结一致,凭着勇敢智慧和高度责任心,与洪水搏斗了三天三夜。这场近千条生命的获救过程,也创造出新中国铁路史上的抢险奇迹!

这是一曲可歌可泣的英雄凯歌,一件令全球为之惊愕和瞩目的抢险奇迹。

◎史海撷英

中国铁路发展简史

1876年,中国土地上出现了第一条铁路——吴淞铁路。五年后,在清政府洋务派的主持下,于1881年开始修建唐山至胥各庄铁路,从而揭开了中国自主修建铁路的序幕。

1876—1893年为开创时期,有关铁路信息和知识开始传入中国,大约是在1840年鸦片战争前后。当时中国的爱国有识之士如林则徐、魏源、徐继畲等人先后著书立说,介绍铁路知识。

1894—1948年是帝国主义争夺路权,中国铁路缓慢发展时期。1894年,清政府在中日甲午战争中战败后,八国联军攫取中国的铁路权益。一万多公里的中国路权被吞噬和瓜分,形成帝国主义掠夺中国路权的第一次高潮。辛亥革命后,袁世凯在1912年宣布"统一路政",解散了各省商办铁路公司,把各省已经建成和正在兴建的铁路全部收归国有,用以抵借外债,因而形成了帝国主义掠夺中国路权的第二次高潮。1928年,南京国民党政府执政以后,主要是以官僚买办资本与帝国主义垄断资本"合资"方式修建铁路，从而出现了帝国主义掠夺中国路权的第三次高潮。

1949—1952年是新中国成立，抢修和恢复铁路运输生产时期。1949年10月1日中华人民共和国成立后，仅一年共抢修恢复了8278公里铁路。1952年6月18日，满洲里至广州间开行了第一列直达列车，全程4600多公里畅通无阻。到1952年底，全国铁路营业里程增加到22876公里，客货换算周转量达802.24亿吨公里。

1953—1978年是中国铁路网骨架基本形成时期。从1953年开始，国家进入有计划发展国民经济的时期。到1980年铁路经过了五个五年计划的建设，取得了辉煌的成绩。

1979年以来，我国贯彻改革开放政策，中国铁路步入新的发展时期。从1997年到2007年十年间，铁路经过了六次提速。

◎文苑拾萃

电影《12次列车》

1959年8月13日，中华人民共和国铁道部部长滕代远签署表彰命令并颁发了"铁道部一号奖状"，把新中国诞生后铁路系统的最高荣誉奖授予12次列车。

1960年9月，八一电影制片厂根据中国铁路文工团的同名话剧改编并摄制成电影故事片《12次列车》，再现出12次特快列车当年战胜洪水的感人场面。是新中国在20世纪60年代的首映国产大片。12次列车的列车长当年也成为全国家喻户晓的英雄典范，成为整整一代中国人学习的楷模。那种"一心想着旅客，一切为了旅客"的"12次列车精神"，备受全国人民的崇敬，早已成为人民铁路的精神旗帜。

12次列车曾是新中国铁路为之骄傲和自豪的"品牌列车"，它的"12次列车精神"至今依然如故，并将继续感动着中国，感动着每一位乘坐这趟列车的旅客。

草原英雄小姐妹

◎一滴水只有放进大海里才永远不会干涸，一个人只
有当他把自己和集体事业融合在一起的时候才能最
有力量。——雷锋

姐姐龙梅，1970年入伍，转业后曾在达茂旗团委、包头东河区团委、人大工作，现任包头市东河区政协主席。妹妹玉荣，1976年毕业于内蒙古师范大学，曾在乌兰察布盟团委、教育局、内蒙古残联工作，现任内蒙古自治区政协办公厅副主任。

姐妹俩曾多次参加过各种英模会、报告会、先进人物代表会，先后被选为第四届、第五届全国人大代表。龙梅参加了党的十大，玉容参加了共青团的十一大，十二大和中国残联第一届、第二届、第三届代表大会，被评为全国"自强"模范。龙梅去过法国、日本访问。玉容去过罗马尼亚、韩国等国访问。她们还参加了2008年奥运会火炬的传递。

"草原英雄小姐妹"——龙梅和玉荣为保护集体的羊群与暴风雪拼死搏斗，用热血和生命谱写了一曲英雄的赞歌。她们的名字和英雄事迹，从内蒙古草原传遍大江南北。

1964年2月9日（腊月二十六），正是春节的前夕，塞北草原冰雪严寒的季节。那时龙梅才11岁，妹妹只有9岁，她们俩正赶着公社的384只羊在草原上放牧。到了中午的时候，天空突然变暗，西北风卷着一场罕见的暴雪向草原袭来，气温立刻降到零下37℃，羊群惊恐四散，开始顺着越来越猛烈的西北风狂奔。龙梅和妹妹想，现在只有拢住羊群，跟着羊跑，才能避免它们被暴风雪吞没。于是，姐妹俩拼命聚拢四散逃命的羊群。其实，她们当时有机会和时间丢下羊群逃命，也能跑回去找阿爸前来援助。可是，姐妹俩牢牢记得阿爸平时说的话："羊是集体的财产，是集体的命根子，一只也不能丢！"

就这样，两个小姑娘一前一后不停地奔跑、拦挡。

天慢慢黑了下来，积雪已经很厚。那时她们真是累极了，零下近40℃的严寒，脚步越来越沉重，每前进一步都十分困难。羊群还在奔跑，她们也不能停下，就这样一直走到天慢慢亮了，寒风仍然很猛烈，积雪已深达一尺。她们已经跑了30多公里，来到了白云鄂博车站附近。妹妹这时已经耗尽了最后一点点体力，一下晕倒在雪地上。龙梅把妹妹拖到一处避风的大石头旁，聚拢羊群向车站走去。这时候，龙梅也已经累得两眼发黑，快坚持不住了。正在这时，他们大队到车站送朋友的大爷哈斯朝鲁和他儿子娜仁满都拉最先发现了她们，随后又和几位铁路工人一起救了龙梅和妹妹。

2月10日下午，她们被送到了包钢白云鄂博铁矿医院。

由于冻伤严重，龙梅失去了左脚拇指；妹妹右腿膝关节以下和左腿踝关节以下做了截肢手术，造成终身残疾。但她们放的384只羊，只有3只被冻死，其余都安然无恙。

她们是很普通很平凡的人，但有一个信念一直支持着她们，那就是不让集体的羊丢一只。就是这个信念，支撑着姐妹俩在暴风雪中整整搏斗了一天一夜。

"草原英雄小姐妹"是蒙古族的骄傲，是内蒙古草原的骄傲，是中华民族的骄傲！

◎故事感悟

　　"草原英雄小姐妹"——龙梅和玉荣为保护集体的羊群与暴风雪拼死搏斗用热血和生命谱写了一曲英雄的赞歌。她们的名字和英雄事迹，将永远记在我们心中！

◎史海撷英

白云鄂博

白云鄂博位于中国包头市北150公里处的乌兰察布草原。白云鄂博为蒙古语，意为富饶的神山。白云鄂博铁矿位于白云鄂博矿区（属包头市）西北部，矿

区面积138平方公里。白云鄂博铁矿于1925年由地质学家丁道衡发现。1934年，著名地质学家、岩石矿物学家何作霖研究发现了白云鄂博矿的两种稀土元素新矿物，取名为白云矿与鄂博矿。至此，白云鄂博矿为世人所瞩目。1955年成立白云鄂博办事处，1958年成立白云鄂博镇（旗县级），8月划归包头市管辖。

白云鄂博矿是一座世界罕见的多金属共生矿床，分布在东西长18公里，南北宽约3公里，总面积48平方公里的范围内。现已探明矿体内蕴藏着160多种矿物，70多种元素。矿物种类主要有铁、铌和稀土矿物。其中铁矿储量9.5亿吨，铌矿储量519万吨，稀土矿工业储量3600万吨，占全世界的36％，占全国的90％以上，因而被誉为"稀土之乡"。另外，还蕴藏着铜、石英石、莹石、磷灰石、软锰矿等多种矿物。白云鄂博现在是包头钢铁公司的主要原料基地，对包头市和自治区的经济发展发挥着举足轻重的作用。

◎文苑拾萃

格根塔拉草原

格根塔拉草原在内蒙古乌兰察布辖区内，位于杜尔伯特草原深处。距呼和浩特市140公里，交通便利。

格根塔拉草原美丽动人，水草肥美，丘陵起伏，马、驼、羊成群。传统的蒙古包和现代的蒙古包互相映衬，组成了一幅北国草原风情画面。

每年8月，这里都举办那达慕盛会，每年定期举行一次隆重的大型庙会，每月举行一次小型庙会和一年一次的祭敖包活动，届时有蒙古族传统的摔跤、骑马、射箭等竞赛活动。

李好文识大体

◎大家的力量是无穷无尽的。——格言

> 李好文（生卒年不详），字惟中，自号河滨渔者，元大名之东明（今山东东明）人，主要活动在元朝中后期。他历仕元英宗、泰定帝、明宗、文宗、宁宗、顺帝六朝，官至光禄大夫、河南行省平章政事，以翰林学士承旨一品禄终其身。综观李好文一生，他不但仕途显赫，而且著述丰富，是元朝中后期著名文人之一，但目前学界尚无专文对其进行研究。

李好文于元英宗至治元年（1321年）中进士，曾任州判官、国子助教、太常博士等职。元顺帝至元年间（1335—1340），被任命为监察御史。不久，他被派到河东（今山西）地区去检查刑法案件，发现有一个名叫李拜拜的人，犯有杀人罪，"而行凶之证不明，凡十四年不决"。李好文认为，杀人无人证、物证，本人又拒不认罪，很难定案，因此他说："岂有不决之狱如是其久乎！"立即释放了李拜拜。

另外，有一个宗王的师傅名叫撒都刺，"以足踢人而死"。司法部门认为："杀人非刃，当杖之。"主张不判死刑，只施以杖刑。李好文不同意这样处理，指出："估势杀人，甚于用刃，况因有所求而杀之，其情为尤重。"于是判处撒都刺死刑，"河东为之震肃"。

至正四年（1344年），李好文被任命为陕西行台治书侍御史，当时台臣皆缺，李好文独自主持行台事务。

　　有一位被派到西蜀的奉使，因为私怨搜罗廉访使曾文博、佥事兀马儿、王武的所谓罪状，曾文博含冤而死，兀马儿诬服，王武不屈，被处以"轻侮"之罪。李好文率御史力辩王武等人的冤案，并揭发了奉使违法乱纪的十余条罪状，李好文说："奉使代天子行事，当问民疾苦，黜陟邪正。今行省以下，至于郡县，未闻举劾一人，独风宪之司，无一免者，此岂正大之体乎！"于是王武等人的冤案才得以昭雪。

◎故事感悟

　　李好文深悟"帝王之治本于道，圣贤之道存于经"。只有明了儒家经典之大意，务持正大之体，才能处理好具体的案件和政务。这一见解也是值得重视的。

◎史海撷英

李好文上疏

　　至正十年（1350年），顺帝诏命太子爱猷识理达腊习学汉人文书，李好文受命以翰林学士兼谕德，同时顺帝任命归旸为赞善，张冲为文学，共同教授太子。但李好文等人深知教授太子责任之重大，所以在顺帝颁布任命之后，他即上书宰相，请求辞去翰林学士之职。他在上书中说："三代圣王，莫不以教世子为先务。盖帝王之治本于道，圣贤之道存于经，而传经期于明道，出治在于为学。关系至重，要在得人。自非德堪范模，则不足以辅成德性；自非学臻闻奥，则不足以启迪聪明。宜求道德之鸿儒，仰成国家之盛事。而好文天资本下，人望素轻，草野之习而久与性成，章句之学而浸以事废。骤膺重托，负荷诚难。必别加选抡，庶几国家有得人之助，而好文免妨贤之讥。"

　　顺帝览后，赞叹良久，但并未批准李好文的辞呈，于是李好文便担当起了教授皇太子的重任。

◎文苑拾萃

题王子晋祠

（元）李好文

黄屋非心敝屐然，玉笙吹断鹤升天。

载瞻今日丛祠地，讵数当时定鼎年。

琬琬真书文半剥，尘埃旧壁画犹鲜。

归涂却顾荒山上，万柏森森销暮烟。

《分题赋白简送李惟中治书之西台》

（元）李好文

执宪崇台府，修容象物宜。

挺然元不挠，皦若自无缁。

玉雪齐心映，风霜入手随。

立当文石陛，携趁紫囊丝。

簪笔应同色，持书允有仪。

奉条严纠慝，对命谨书思。

西陕分治日，中朝注倚时。

修名青史册，素志白圭诗。

正直神斯听，清明世所知。

当年魏公笏，此事即吾师。

顾佐的豁达

◎做人求精金美玉，做官要鞠躬尽瘁。——格言

顾佐（1376—1446），明代官员，字礼卿，河南太康县人，建文二年进士，历官庄浪知县、御史、江西按察副使、应天尹、顺天尹、右都御史，黜赃举贤，朝纲肃然，每日趋朝，入内直庐，独处小夹室，非议政不与诸司群坐，人称"顾独坐"。

永乐年间，顾佐以刚直不阿而声震朝野，在任顺天府京尹时，因他不惮权贵、刚直不挠而使"权贵多不便之"，被视做绊脚石，最终遭排挤，调离京官，出任贵州按察使，直到仁宗洪熙元年（1425年）才调回京师任通政使。

宣德初年未禁官妓，大臣们宴饮时，歌妓满堂，以奢侈相尚，执掌风宪的都御史刘观竟带头私纳贿赂，徇私枉法，手下御史也贪纵无忌，朝廷上下贪浊成风。宣宗为了整饬吏道贪墨，一改旧习，准备选拔任用公廉刚正之士。

宣德三年（1428年），宣宗召见大学士杨士奇、杨荣至玉华门，专门询问近来贪浊成风的原因以及谁最贪浊。杨荣回答"刘观"，又与杨士奇联名举荐顾佐，认为他"公廉有威，历官并有风采，为京尹，政清弊革"，是最合适的都御史人选。宣宗闻荐大喜，当年七月就拔擢他为右都御史，赐敕奖勉，授权他考察诸御史，不称职的就予以贬黜，御史有缺，举荐合适的人选送交吏部补选。

顾佐深知，执法队伍素质好坏，直接关系着法律的成败，因此，他抛开个人情面，大刀阔斧、铁面无私地淘汰不称职的御史，起用勇于任职的新锐。他奏请皇帝批准将严皑、杨居正等20人贬谪、发配到辽东各卫所充当低级官吏卒，降级录用8人，罢官3人；同时选荐国子生程富、参加调选的知县孔文

英、教官方瑞、蒲圻教谕朱鉴等43人堪任御史。宣宗让这些被举荐的新人先到各道试御史，历政实习三个月而后加以选择，再授以实职。被贬辽东的杨居正等6人到处活动，申辩投诉，企图逃避惩罚。

宣宗闻讯后大怒，将他们贬谪辽东，发配到边远地区充军。后来严皑从戍所潜逃回北京，胁迫他人向顾佐行贿求情，求情不成，又企图谋害顾佐。但顾佐凛然无所畏惧，将他的所作所为奏报朝廷。朝廷下诏将严皑在闹市上斩首。顾佐"刚直不挠纠肃百僚，虽豪贵置之法，朝纲大振，论者拟为包孝肃，天下想闻其风采"。"由是纠黜贪纵，朝纲肃然"，风气为之一变。

顾佐生性十分孝悌、友爱，始终以品德行操清白称誉，但秉性严厉坚毅，律人度己都十分严格，又生性好静，不喜人打扰。他每次前往参加早朝在外庐小憩时，都"立翠藤户外，百僚过者，皆折旋避之"。在户外放两个护膝藤带，不过是表明顾佐在此，而百官竟然都折返绕道以示回避，由此可以见他的威严。在他入宫宿直时，他也往往独处小夹室，从不与诸司官僚群坐一处。为此，顾佐人称"顾独坐"。顾佐这种貌似孤僻、高傲的举止，无形之中为宪司求得了一种高度的尊严，极大地减少了执法中徇私情的可能性。当时人都佩服他。

在顾佐出任都御史一年左右，有一个奸吏惮于他的威严，千方百计地想攻击他，以求得自身安全，就向朝廷讦奏顾佐，说他接受在台隶仆的馈金，私自发遣隶仆归乡。宣宗将此吏状密示杨士奇，质问道："尔不曾举佐廉乎？"

士奇坦然回答："中朝官俸禄太低，仆马刍之隶，允许一半隶人交钱免役，这样，交钱代役的隶可以回家务农，不误农时，官也可以得到资费，所有的中朝官都是这样，连我也这样。先帝了解到这种情况，还曾为中朝官增加薪俸。因此，顾佐所为，无妨于清廉之称。"

宣宗听后，不禁慨叹道，真没想到朝臣贫穷到如此地步！由此想到讦奏者的可恶，便随口骂道："朕正在重用顾佐，奸贪小人竟敢诬奏他，一定要把他交付法司审治！"杨士奇听了，急忙劝谏遣："对这样细小之事，您不值得发这么大的火。"

宣宗于是就将吏状交付给顾佐，说："听凭你自己处理吧！"顾佐顿首谢恩之后，将讦奏自己的吏召来，对他说："圣上命我处置，如果你悔过自新，

我就放过你，不治你的罪。"宣宗听说顾佐的处置后，不由地称赞他识大体、心胸豁达。

◎故事感悟

　　不管顾佐刚直无私，还是心胸豁达，他的心中都是黎民百姓和江山社稷，他的顾大局、识大体的作为更是难能可贵，值得我们学习！

◎史海撷英

顾佐不纳献女

　　明朝太仓州（今江苏省太仓县）之州官顾佐仁厚正直。一次，他听说城外江家饼店被诬告盗窃而入狱；顾佐知道江家是冤枉的，就代其申诉于官府，经调查后，江家因此得以归还清白。

　　江家主人出狱后，为了报答顾佐仗义相救，便带着他17岁的女儿到顾佐家答谢："小民无以为报，愿以小女奉君为妾或为君照顾起居、洒扫整理。"顾佐没有接纳，知道江家经济拮据，就准备一些薄礼，送江女返回。江家起初以为顾佐可能碍于颜面，故作推拒，于是再送、三送，顾佐始终坚持表示不会接受，并告诉江家："人生天地间，应当为其所当为。我领朝廷俸，为百姓做事，此即是我当为者。提振纲常，方能挽回世道，去邪窒欲，才能清明人心；我一向以清净自守，胸中于礼法因果，确信不疑，我诚心帮你，别无企图。"

◎文苑拾萃

古　意

（明）谢榛

青山无大小，总隔郎行路。

远近生寒云，愁恨不知数。

韦丹为民兴利

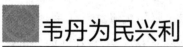

◎天下兴亡，匹夫有责。——顾炎武

韦丹（753—810），字文明，京兆万年（今陕西长安县）人，一生正直清廉，爱民抚众，不追逐名利。

唐文宗时，江西观察使上言为韦丹立祠堂，刻石纪功。至宣宗，读《宪宗实录》，问宰相们"元和时治民孰第一？"周墀回答说："臣尝守江西，韦丹有大功，德被八州，殁四十年，老幼思之不忘。"宣宗下诏，让上报韦丹功状，命刻其功于碑。韦丹是什么人？为什么被誉为"元和治民第一？"

韦丹从小就是孤儿，从外祖父颜真卿学，先举明经第，选授峡州远安令，却让其庶兄，后又举五经高第。唐德宗时，新罗王卒，朝廷以其为司封郎中兼御史中丞，充吊祭册立使。当时，有一种不成文的"制度"，谓之"故事"，即"使外国，赐州县十官，卖以取赀，号'私觌官'"。用当时的另一种说法，就是"召富家子纳赀于使者而命之官"。韦丹出使前说："使海外国，不足于资，宜上请，安有卖官以受钱邪？"于是，上疏奏所需经费。德宗命有关部门拨发，并记录入令，作为遵循。途中，新罗新君卒，韦丹被改派容州（在今广西容县西南）刺史。在任期间，"教民耕织，止惰游，兴学校，民贫自鬻者赎归之，禁吏不得掠为隶"。数载经营，使容州城初具规模，"周十三里，屯田二十四所，教种茶、麦、仁化大行"。顺宗即位，升韦丹为河南少尹。不久，拜谏议大夫，"言事不阿权臣，睿然有直名，遂号为才臣"。

宪宗元和元年（806年），平定刘阚之乱后，又以梓州让高崇文，而为晋、慈、隰三州观察使，封武阳郡公。一年后，韦丹因其位高禄厚，而以三州非要害地，不足尽职，反为国家费，请任江西。于是，拜洪州（今江西南昌市）刺史、江南西道观察使，总洪、江、饶、虔、吉、信、抚、袁八州（治分别在今江西南昌、九江、波阳、赣州、吉安、上饶县、临川抚州乡、宜春）政务。自元和二年（807年）正月受任，至五年夏被诬停职病故，韦丹在江西任上做了这样几件被称颂的事情。

其一，"计口受俸钱，委其余于官，罢八州无事之食者，以聚其财"。

其二，"始教人为瓦屋，取材于山，召陶工教人陶"。有能力建造者，取材瓦于官，"免其赋之半"；逃亡在外未归者，"官与为之"，"贫不能者，畀以财"。同时，韦丹"载食与浆，亲往劝之"。在他的"劝督"之下，"为瓦屋万三千七百，重屋（两层以上的楼）四千七百"。从此，百姓不再担心"草茨竹椽"的居室被火焚，"暑湿则乘其高"。

其三，"置南北市营诸军。岁旱，种不入土，募人就功，厚与之值而给其食。业成，人不病饥"。

其四，修筑道路，治理环境。"为长衢，南北夹两营，东西七里。人去漱污，气益苏"。又徙南昌县于高地。

其五，防汛筑堤，兴修水利。韦丹到任第二年，"筑堤捍江，长十二里。疏为斗门，以走潦水"。任期间，"灌陂塘五百九十八，得田万二千顷"。离任后的下一年，"江水平堤，老幼泣而思曰：'无此堤，吾尸其流入海矣。'"

其六，责罚渎职，惩办贪污。有一主管本州粮仓达十年的官吏，当韦丹察看仓库时，发现粮"亡三千斛"，即抄其家。尽得账目后，知"乃权吏所夺"，便立即召集诸吏说："若恃权取于仓，罪也，与若期一月还之。"众吏皆叩头谢罪，"及期无敢违"，全数归还了所侵夺的公粮。

◎**故事感悟**

"凡为民去害兴利若嗜欲"，韩愈的这句评语，道出了爱民抚众的韦丹"治民第一"的原因所在！

◎史海撷英

推行两税法

建中元年（780年）二月，新任宰相杨炎在总结全国各地税制改革经验教训的基础上，提出一套拯救唐朝统治的完整的税收方案，这就是我国历史上自此后延用800年之久的两税法。

两税法的主要内容是：不论土户、客户以所居地统计；纳税人不分中丁，据贫富情况划分征税数量；经常往来行商的，在所在州县赋三十分之一的税；居民的税分夏秋两季征收。田亩税以大历十四年的土地数目为准，夏税不过六月，秋税不过十一月；废除租庸杂舶等名目，税额全部归入两税。两税法虽然在实行一个时期后就弊端丛生，但它顺应社会经济发展的内在趋势，唐中叶后得到确立，并为后世数百年沿用。

◎文苑拾萃

感 时

（唐）白居易

朝见日上天，暮见日入地。

不觉明镜中，忽年三十四。

勿言身未老，冉冉行将至。

白发虽未生，朱颜已先悴。

人生讵几何，在世犹如寄。

虽有七十期，十人无一二。

今我犹未悟，往往不适意。

胡为方寸间，不贮浩然气。

贫贱非不恶，道在何足避。

富贵非不爱，时来当自致。

所以达人心，外物不能累。

唯当饮美酒，终日陶陶醉。

斯言胜金玉，佩服无失坠。

天可度

（唐）白居易

天可度，

地可量，

唯有人心不可防。

但见丹诚赤如血，

谁知伪言巧似簧。

劝君掩鼻君莫掩，

使君夫妇为参商。

劝君掇蜂君莫掇，

使君父子成豺狼。

海底鱼兮天上鸟，

高可射兮深可钓。

唯有人心相对时，

咫尺之间不能料。

君不见李义府之辈笑欣欣，

笑中有刀潜杀人。

阴阳神变皆可测，

不测人间笑是瞋。

在地震来临之际

◎春蚕到死丝方尽，蜡炬成灰泪始干。——李商隐

　　2008年5月12日下午，突然一阵晃动，在山西、陕西、山东、河北、北京等许多省市出现，人们明显感觉到是地震了。不久大家弄明白了，地震中心原来是在四川一个叫汶川的地方，从那以后汶川这个名字就不停地在人们嘴中重复着，重复着……

　　5月12日下午2时28分，汶川大地突然抖动，隆隆响声不断，楼房左右不停摇晃，墙壁张开条条裂口，砖头和墙沙刷刷不断地下掉，房屋四周山崖垮塌下滚。瞬间，众多房屋被罩在弥漫的尘烟中。此时，除了大自然肆意的狂动和吼声外，整个汶川地区救人声一片。

　　几秒，仅仅几秒钟的时间，营小学校上体育课的贾一松、王秀珍老师迅速吹响了集合的口哨，要求学生原地不动。贾一松边跑边大声喊："地震，发生地震了！大家不要惊慌，楼道安全管理员迅速到位，其余教师组织接应！"随着喊声，在办公室批改作业的杨勇、王平、宋福祥、李军、刘崇铣、宣光宇等教师恍然回过神来，在地震的抖动中，冒着被坠落的砖块砸中的危险，快速冲上旧教学楼。此楼在1986年的一次课间操集合的时候曾发生过学生踩踏事件，造成2名学生受伤。面对强烈的地震，如果组织不好，就算是楼房不倒塌，惊慌恐惧的学生在混乱拥挤中，导致的后果是难以想象的。旧教学楼系80年代初修建的砖混结构，4层楼仅有一条3米宽的通道。看着不断下坠的砖块和尘沙，已知灾难来临的教室里上课的教师，没有一人独自逃生，巨大的责任感和崇高的使命感使他们依然保持镇定，他们有的大声叫喊，让学生

撤离教室；有的组织学生钻到桌子下面，有的用自己的身体为学生挡护，把惊吓过度的学生抱在怀中。听到操场上的命令后，各班陆续组织学生走出教室，一走出教室，有的学生就失去了自控。上美术课的马彬老师组织学生走到楼梯时，自己已摇晃站立不定，突然一位学生因惊慌摔倒，他不顾自己，本能地一把抱起这位学生就往下跑，及时疏通可能堵塞的唯一通道。其余老师也在摇摇晃晃中你一把我一个地拽着那些跌跌撞撞地下楼的学生。陈蓉仙老师组织完本班学生下楼时，一清点人数，发现少了智力较低的学生王学伟。她急忙又冲上危房，跑进教室一看，王学伟还若无其事地趴在桌上，她二话不说拽住他的手就往外拖，刚到门口时王学伟跌倒，陈老师背上近100斤重的孩子往下跑。六四班学生在教师组织下迅速跑下楼，跑到二层楼时，一名叫王登婷的女生情急之下，翻出栏杆。教师拉扯不及，大声呼叫，楼下正组织学生下撤的王富明书记看到情况紧急，便不顾一切，飞身上前去接，女孩未受伤，王书记却被重重地砸在地上。王书记顾不得身体的疼痛，起身把她抱到安全地带，又前去指挥。事后发现自己左胸有一块大大的青疤，双肘蹭破皮，鲜血染红了双袖。从楼上撤下来的学生，由于惊吓过度，坐在楼前不远地方爬不起来，老师们又把他们一个个死拉硬拽到操场中央。这样，旧楼321名学生安全脱险。

在新教学楼上课的是1到4年级学生，虽是双通道，但学生年龄较小，教室又在3、4、5楼。地震一刹那，整个楼房都好似荡了起来，孩子们不约而同地发出尖叫；大都离开座位，教室一片混乱。有的学生不听老师指挥，惊慌失措；有的不知发生了什么情况异常兴奋，有的摔倒在地上嚎啕大哭。我们的老师顾不得自己，在摇晃中大声吆喝，强行要求学生保持镇定，踉踉跄跄穿梭在歪斜的桌椅之间，鼓励学生勇敢，组织学生撤离教室。五层楼房颠簸得让人站不住脚，四一班陈智秋老师见电视柜向学生砸来，奋勇冲上死死顶住，直到有教师赶到才松开。有的学生吓得双腿发软，上课的程明盛、王艳红等教师在组织学生下楼的同时，一趟趟把学生背送到楼下安全地带。

地震发生时在多媒体教室上课的康鸿雁副校长，组织学生撤离时，发现防盗门已变形，根本无法打开，学生乱成一团。在紧急关头，她迅速组织学生钻到桌子下，然后拿起板凳奋力砸开铁门。到门口时有一名学生摔倒，造成堵塞，瓷砖不断往下掉，王群、周德春、陈刚等教师迅速冲上前去拉起摔倒的学生，一名受过度刺激的学生抱住王群老师的脚不放，在后面的拥挤中，王群老师也摔倒在地。此时其他几名教师赶来，顾不得许多，一把搂起学生便往操场跑。终于在下午2时35分，仅用不到7分钟的时间，全校学生已全部安全转移到空旷的操场上。

同时，学校马上启动紧急预案，蔡成孝、杨正貌等教师组织学生排队集合。各班班主任迅速清点人数，另一边立即由杨勇组织带队指挥的部分教师迅速冲进各教室查看是否有剩余学生。然而此时余震未息，砖石依然再落，楼房摇摆不定。下午2时40分各班人数清点完毕，只差四一班学生罗月怡，寻学生的教师陆续汇报，各教室无人。陈智秋老师急哭了，四处大声呼喊学生的名字。杨勇再次冲入教室进行搜寻。这时有学生汇报说，该学生因感冒由其父亲送他来上学，在地震中又被父亲带走。立即有教师前去证实。下午2时43分营小所有师生，共667名学生、50名教职工全部安全撤出。学校向全体师生通报了全校无一人伤亡的消息。要求全体人员就地蹲坐，不得慌张乱跑，必须一切听从指挥，同时要求各班班主任对本班学生登造名册。

下午2时42分左右，又一次地震开始，四周山岩飞沙走石，学校附近及进修校楼房轰然倒塌。附近学生家长冲进校园，人越来越多。家长们冲进学生队伍，呼儿喊娘，四处乱窜，各自找自己的孩子，近2000人的队伍显得较为混乱。教师们竭力维持秩序。此时，见到了自己的亲人或许紧绷的神经有所松懈，学生、家长及部分女教师拥抱成团，哀然大哭，一片凄惨景象，让人慌如世界末日的到来。

这时，教育局党组书记李明华带领部分工作人员已赶到现场。学校简要汇报情况后，共同研究下步对策。此时，天也由晴转入阴云密布，有部分家长焦急不安。硬要强行带走学生，甚至与我们教师发生冲突。汇报县应急指挥中心后，指示可以有条件地疏散部分学生。于是根据名册，由家长签名后有序地组织部分学生离校。午后4时有245名学生陆续被家长接走，临走时，我们的老师们一再叮嘱，要小心，注意安全；家长们再三向老师们表示感谢。

雨淅淅沥沥地开始下，越下越大。或许，学生们过分恐慌，穿着单薄衣服的学生冻得直发抖，我们有的教师脱下自己的外衣给学生穿上，住在校内的教师找来雨伞为学生遮雨。现在给学校留下的最大问题是如何安置好剩下的422名学生的食宿。学校紧急部署，女教师负责看护所有滞留学生，不得出任何差错。男教师分几个组负责寻找搭建棚子的材料和搭建棚子。后勤人员负责建灶做饭。

负责上街购置塑料棚子的老师汇报，街上商店凡能遮风挡雨的东西和食品等都被抢购一空。在教师们的苦苦哀求下，好歹从一个不知名的人的手中匀出一捆不足40米的彩条油布。雨越下越大，为了减少学生在雨中淋的时间，避免学生伤风感冒，短时间内搭好帐篷，让学生住进去，显得刻不容缓。然而学校无任何搭建棚子的材料。正在大家束手无策的时候，贾一松老师主动提出用自己建房的竹竿和木板来搭建帐篷。不需要命令，不用人指挥，男老师们不顾疲劳，争先恐后地用最快的速度，尽量多扛些东西，玩命地干起来。谁也顾不上包一包擦破的手，揉一揉红肿的肩，七手八脚动手搭建帐篷。5时29分，近100平方米的一个简易但牢靠的躲雨篷搭建成功。老师们不分男女，冲进学生宿舍抢出一些棕垫、棉被等东西为学生安排好铺位。6时04分后勤工作人员煮好稀饭，老师们组织所有学生有序进餐，一锅不够，再煮，等学生吃完饭回帐篷时，帐篷里面也住满周围的灾民。老师们好说歹说，甚至发生强行争执，终于把学生安排在帐篷内坐下，并用被子等为学生盖好取暖。同时安置好前来避难的灾民，此时已7时56分。筋疲力尽的教师们每人喝了点剩下的稀饭，碗刚放下，那边帐篷就漏雨了，大家又开始忙碌起来。有为学生打伞遮雨的，有重新加固帐篷的，还有生火取暖的，工作有条不紊地进行。如此循环，全校50名教职工及教育局工作人员几乎一夜未眠，为学生守护了通宵。

清晨，在县应急办的支持下，学校拿到一些塑料布。教师们顾不得喘息，刚喝完一小碗稀饭，又冒雨重新搭建帐篷。大家一直忙活到中午，把帐篷搭建好，刚喘口气，可是又狂风大作，刚铺盖好的塑料布被狂风肆意乱卷。大家又紧急上阵，你拉我拽，拿出所有能加固的东西，经过半天抢修总算完成。晚饭后，值周教师和生活管理员汇报：有164名通校生被家长接走，还有寄宿学生165名，通校生滞留93名，灾民（留守家长）79名，教职员工及家属、教育局机关人员147名。晚上全体教师依旧通宵值班，负责安全警戒，为帐篷顶清除积雨，负责夜间学生上厕所照明，帮学生盖好被等。

5月14日，终见晴天，根据情况，学校及时调整抗震工作部署，更有序地进行抗震自救工作。随着时间的推移，学生逐步被家长接走，人们的心理接受能力逐步增强，大家很快地适应了灾难现状。同时，在教育局领导的努力下，县委、政府非常重视学校救灾工作，学校的居住和饮食情况不断改善。在临时简陋的家园里，关爱不再只是师生之间了，还有附近的灾民之间，简陋的家园在无言的大爱中成了温暖的家园。

◎故事感悟

在大灾难来临的时候，学校的老师们想到的不是自己，而是孩子们。他们不顾自己的安危，拼尽全力救孩子。在地震发生的那一刻，更加充分地验证了他们的伟大。

◎史海撷英

全国防灾减灾日

2008年5月12日14时28分04秒，四川汶川、北川，8级强震猝然袭来，大地颤抖，山河移位，满目疮痍，生离死别……这是新中国成立以来破坏性最强、波及范围最大的一次地震。此次地震重创约50万平方公里的中国大地！为表达全国各族人民对四川汶川大地震遇难同胞的深切哀悼，国务院决定，2008年5月19日至21日为全国哀悼日。自2009年起，每年5月12日为全国防灾减灾日。

◎文苑拾萃

教师节

1985 年 1 月 21 日，第六届全国人大常委会第九次会议作出决议，将每年的 9 月 10 日定为我国的教师节。

尊师重教是中华民族的优良传统。传道授业解惑是教师的职责，教师被誉为人类灵魂的工程师。

早在 1932 年，民国政府曾规定 6 月 6 日为教师节。

新中国成立后，废除了 6 月 6 日的教师节，改用"五一国际劳动节"为教师节，但实际上并未实行。

将教师节定在 9 月 10 日是考虑到全国大、中、小学新学年开始，学校要有新气象。新生入学，即尊师重教。给"教师教好"、"学生学好"创造良好气象。

联合国教科文组织于 1994 年将每年的 10 月 5 日定为世界教师节。

群·爱群利群

第四篇

合作的力量

拍档的重要

◎人们在一起可以做出单独一个人所不能做出的事业；智慧＋双手＋力量结合在一起，几乎是万能的。——格言

有一位大臣告诉宋元君，楚国的都城有一个叫石头的木匠。他使用斧头的技巧精湛绝伦，经常给别人表演一种惊险的游戏：他在一个泥水匠的鼻子尖上涂一层白色的泥巴，这层白泥巴薄得像蜻蜓的翅膀一样。然后，他巨斧一挥，只听见一阵风响，手起斧落，白泥巴被削得干干净净，但泥水匠的鼻子却没有受到一丝一毫的损伤。

木匠石头挥斧好像十分随意，但他却丝毫没损伤泥水匠的鼻子；而泥水匠，能接受这样的游戏，算是玩命了。别人都看着心惊肉跳，可他却稳稳当当地站在那里，面不改色，泰然自若。

宋元君听后大喜，十分惊奇，就派人找到木匠石头，对他说："你能不能给我表演一下你那个游戏？"

木匠石头叹口气，说道："唉，我的确是会削的，但是现在不行了，因为那个敢让我削的拍档已经死去很久了。"

木匠石头能够从人的鼻翼上削去白灰，从个人的角度讲是一种超凡的能力。可是如果没有拍档的配合，他根本就没有施展的机会。

◎故事感悟

这个故事应用到现代对我们的启示是什么呢？就是合作精神。只有互相紧密配合，人们的才能才可得到充分发挥，才能将事情完成。

◎史海撷英

百家争鸣

"百家争鸣"反映了当时社会激烈和复杂的政治斗争，主要是新兴地主阶级和没落奴隶主之间的阶级斗争。这个时期的文化思想，奠定了整个封建时代文化的基础，对中国古代文化有着非常深刻的影响。

春秋战国时期，是由封建领主制向封建地主制过渡的时期，新旧阶级之间，各阶级、阶层之间的斗争复杂而又激烈。

代表各阶级、各阶层的各派政治力量的学者或思想家，都企图按照本阶级（层）或本集团的利益和要求，对宇宙、社会、万事万物作出解释，或提出主张。他们著书立说，广收门徒，高谈阔论，互相辩难，于是出现了一个思想领域里"百家争鸣"的局面。

《汉书·艺文志》将战国主要思想学派分为十家——儒、墨、道、法、阴阳、名、纵横、杂、兵、小说。西汉人刘歆在《七略·诸子略》中将小说家去掉，称为"九流"。俗称"十家九流"就是从这里来的。

◎文苑拾萃

狐假虎威

战国时代，当楚国最强盛的时候，楚宣王曾为了当时北方各国，都惧怕他的手下大将昭奚恤，而感到奇怪。因此他便问朝中大臣，这究竟是为什么。

当时，有一位名叫江乙的大臣，便向他叙述了下面这段故事。

从前在某个山洞中有一只老虎，因为肚子饿了，便跑到外面寻觅食物。当它走到一片茂密的森林时，忽然看到前面有只狐狸正在散步。它觉得这正是个千载难逢的好机会，于是，便一跃身扑过去，毫不费力地将狐狸擒过来。

可是当它张开嘴巴，正准备把那只狐狸吃进肚子里的时候，狡黠的狐狸突然说话了：

"哼！你不要以为自己是百兽之王，便敢将我吞食掉；你要知道，天地已经命令我为王中之王，无论谁吃了我，都将遭到天地极严厉的制裁与惩罚。"老虎听了狐狸的话，半信半疑，可是，当它斜过头去，看到狐狸那副傲慢镇定的样子，心里不觉一惊。原先那股嚣张的气焰和盛气凌人的态势，竟不知何时已经消失了大半。虽然如此，它心中仍然在想：我因为是百兽之王，所以天底下任何野兽见了我都会害怕。而它，竟然是奉天帝之命来统治我们的！

这时，狐狸见老虎迟疑着不敢吃自己，知道它对自己的那一番说辞已经有几分相信了，于是便更加神气十足地挺起胸膛，然后指着老虎的鼻子说："怎么，难道你不相信我说的话吗？那么你现在就跟我来，走在我后面，看看所有野兽见了我，是不是都吓得魂不附体，抱头鼠窜。"老虎觉得这个主意不错，便照着去做了。

于是，狐狸就大模大样地在前面开路，而老虎则小心翼翼地在后面跟着。它们走没多久，就隐约看见森林的深处，有许多小动物正在那儿争相觅食，但是当发现走在狐狸后面的老虎时，不禁大惊失色，狂奔四散。

这时，狐狸很得意地掉过头去看看老虎。老虎目睹这种情形，不禁也有一些心惊胆战，但它并不知道野兽怕的是自己，而以为它们真是怕狐狸呢！

狡狐之计得逞了，可是它的威势完全是因为假借老虎，才能凭着一时有利的形势去威胁群兽；而那可怜的老虎被人愚弄了，自己还不知道呢！

因此，北方人民之所以畏惧昭奚恤，完全是因为大王的兵权掌握在他的手里，也就是说，他们畏惧的其实是大王的权势呀！

从上面这个故事，我们可以知道，凡是借着权威的势力欺压别人，或借着职务上的权力作威作福的，都可以用"狐假虎威"来形容。

工人合成天

◎若不团结，任何力量都是弱小的。——格言

李立三（1899—1967）中国无产阶级革命家，中国共产党的优秀党员，曾经担任过党的负责人。原名李隆郅，曾用名李能至、李成、柏山、李明、李敏然等。湖南醴陵人。1921年春，李立三同赵世炎、陈公培、刘伯坚等酝酿建立共产主义同盟，组成劳动学会和勤工俭学学会，成立华工组合书记部，为华工谋福利。1922年，在安源创办平民学校和工人补习学校，发展党员，建立中共安源支部，并任书记。1923年3月，任中共武汉区委书记。次年1月，当选为国民党武汉区代表，出席国民党第一次全国代表大会。旋任中共上海区委职工运动委员会书记，同邓中夏、刘华等创办工人补习学校，在小沙渡、杨树浦、吴淞等地成立工友俱乐部和工人进德会。

1922年盛夏的傍晚，吃过晚饭后，工人们都陆续来到安源镇一条小巷的楼房里。

一盏悬挂着的煤油灯，照亮了教室里的几张旧桌子。工人们都在这里认真地学习文化知识和革命道理。

这里是李立三办的"平民学校"。来听课的都是附近的铁路工人和煤矿工人。这所平民学校不收学费，专教工人读书，学文化。

刚刚开办这所学校时，来报名的工人并不多。一些矿工说："我们早上下井，不知晚上能否回来，命都难保，哪有心思读书？有工夫不如睡觉去。"

李立三面对这种情况一点也没有急躁，而是采用各种办法与工人接近，取得他们的信任。他发现许多工人爱喝酒、猜拳，于是他也跟着一起去，并

用顺口溜新编了一套猜拳词，渐渐地工人们都和他亲近了。在这个基础上，他向工人们宣传读书识字的好处。有的工人担心学不好，李立三就说："中国有句古话：拳要打，字要写。只要有心读，一天认一个字，一个月就是30个字，几个月下来，保你能记账、写条子。"这样一说，工人们心动了，纷纷报了名。

工人们来了，李立三亲自给他们上课。他事先了解工人们的生活和思想情况，尽量用工人喜闻乐见的语言，结合文化知识，向他们灌输革命道理。

国文第一课是"一人两只手，两手十个指"。李立三动情地说："我们做工的、种田的，两只手一年到头忙个不停，累死累活做不完，种出谷来，挖出煤炭，我们反倒没吃没穿。财主、资本家也有两只手，可是他们不用劳动，吃的却是山珍海味，穿的是绫罗绸缎。同样两只手，为什么有的白、有的黑？为什么有的忙而穷，有的闲而富？"这段话，把一个个问号楔进工人的心坎里。

第二课是"天、地、日、月"。李立三上这堂课时，联系有的工友讲过的话"工字不出头，出头就入土"，有针对性地说："大家看，'工'字上面一横是天，下面一横是地，中间一竖是我们工人。工人顶天立地，谁说不能出头？大家再看，把'工'和'人'字合在一起，不就是'天'字吗？这就是说工人团结，力量大如天，工人一定要坐天下。问题是我们大家心要齐。"一席话，说得工人直点头。

工人喜欢这样的授课方式，来上夜校的人也越来越多了。

有一天，李立三正准备讲课，另一名夜校老师忽然大惊失色地跑进来，卷起袖管嚷道："你看，我一夜之间，满身都长起了红点点，痒得要命！"

李立三仰天大笑起来，工友们莫名其妙地看着他。

"这是小臭虫咬的，吸血还不算厉害！"李立三止住笑一本正经地说。

"什么？还有更大的？"那个教师瞪大了眼睛。

"有！财主、资本家自己不劳动，专吸穷人的血，我看他们就是大臭虫！"李立三幽默地回答。

这段小插曲，把工人们全吸引住了。他们纷纷议论说："说得好，全说到我们心坎里了。"

随着夜校影响的扩大，学生很快增加到六七十人，就连楼梯口都挤满了人，李立三就在别处开辟了新校舍。平民学校越办越兴旺了。

◎故事感悟

就像李立三说的，"工"字和"人"字合起来，就是"天"。工人团结在一起，力量就会大如天。

◎史海撷英

京汉铁路工人大罢工

党的二大之后，成立了领导工人运动的中国劳动组合书记部。从1922年1月到1923年2月，掀起了中国工人运动的第一个高潮。在持续十三个月的时间里，全国发生大小罢工一百余次，参加人数达到了30万以上。其中，京汉铁路工人大罢工上演了最为壮烈的一幕。

京汉铁路纵贯河北、河南和湖北三省，是连接华北和华中的交通命脉，有重要的经济、政治和军事意义。京汉铁路的运营收入是军阀吴佩孚军饷的主要来源之一。1923年2月1日，党领导下的京汉铁路总工会筹备会决定在郑州召开成立大会。参加大会的代表和各铁路工会代表、汉冶萍总工会代表、武汉30多个工会的代表，以及北京和武汉等地的学生代表近300人齐聚郑州。中共中央对这次大会非常重视，派人出席大会。

2月1日上午，军阀吴佩孚派出大批军警在郑州全城戒严，下令禁止召开京汉铁路总工会成立大会。但是，参加会议的工人代表不顾生死，冲破军警的重重包围，高呼"京汉铁路总工会万岁"、"劳动阶级胜利万岁"等口号，在郑州普乐园剧场举行大会，宣布京汉铁路总工会成立。当天，全副武装的军警严密地包围了会场，强行解散会议，捣毁总工会和郑州分会会所，并驱赶代表。当晚，京汉铁路总工会执委会秘密召开会议，决定将总工会临时总办公处转移到汉口江岸，并决定全路自2月4日起举行总罢工。

2月4日，全路两万多工人举行大罢工，1200公里铁路顿时瘫痪。中国共产党领导这次罢工的主要负责人是张国焘、项英、罗章龙、林育南等。京汉铁路工人大罢工引起了帝国主义和反动军阀的恐慌。在帝国主义支持下，吴佩孚调动两万多军警在京汉铁路沿线镇压罢工工人，制造了震惊中外的二七惨案。

京汉铁路工人大罢工是中国共产党领导的第一次工人运动高潮的顶点。它进一步显示了中国工人阶级的力量，扩大了党在全国人民中的影响。罢工虽然失败了，但是工人的生命和鲜血进一步唤醒了中国人民，使他们更加清楚地认识到帝国主义和封建军阀是中国人民的敌人，必须与之斗争到底，才能获得真正的自由和解放。

◎文苑拾萃

工会组织

工会是工人阶级的群众组织，是在无产阶级和资产阶级的斗争过程中产生和发展起来的。工会是同资产阶级对立的，是反映工人阶级利益的，工人们在反抗资本家压迫和剥削的斗争中，认识到必须团结起来，联合起来，才能适应同资产阶级斗争的需要，才能维护自身的利益，取得斗争的胜利，因而根据工人阶级斗争的需要，便产生了工会。

工会最早产生于18世纪中叶的英国，以后在其他国家相继建立，并大多争得了合法地位，成为世界性的普遍社会现象。按其成立的组织原则，可分为产业工会和职业工会。在资本主义国家早期，工会大多为职业工会，凡从事同一职业的熟练工人，都组织在同一职业工会内；一个企业内的工人，由于职业的不同而分属于不同的职业工会。这种组织分散了同一企业内工人的团结和统一，不利于工人阶级的斗争。随着工人运动的发展，按产业原则组织工会逐渐为工人接受，越来越多的工人群众按产业系统组织起来，凡在同一企业内的工人都参加同一产业工会，有利于工人阶级的团结和统一，增强了工会的战斗力。

在资本主义国家中，工会有的由马克思主义者领导，有的由进步人士领导，也有的由改良主义者领导或控制。除少数由资本家操纵的工会外，绝大多数工会都能以各种方式，不同程度地代表和维护工人群众的利益。通过内部协调、互相帮助，解决工人内部的竞争，以集体谈判、罢工等形式同资本家对抗，争取和维护工人的利益，改善工人的工作、生活条件，并在国家政治生活中发挥作用，争得工人群众的社会政治利益。而马克思主义的革命工会运动则是无产阶级解放的重要力量和必要条件。

人工合成胰岛素首次在我国试验成功

◎做什么事都别忘了抱团。——格言

钮经义（1920—1995），中国生物化学家，中国科学院院士。

1942年毕业于昆明西南联合大学化学系。1948年赴美留学，1953年获美国德克萨斯大学哲学博士学位。历任中国科学院上海生物化学研究所研究员、室主任等职。专长有机合成、蛋白质结构分析与多肽合成。是中国化学会理事（1978年起）和上海市第六届政协委员（1983年起）。

1965年9月17日，中国首次人工合成了结晶牛胰岛素。这是当时人工合成的具有生物活力的最大的天然有机化合物，实验的成功使中国成为第一个合成蛋白质的国家。

从1958年开始，中科院上海生物化学研究所、中科院上海有机化学研究所和北京大学生物系三个单位联合，以钮经义为首，由龚岳亭、邹承鲁、杜雨花、季爱雪、邢其毅、汪猷、徐杰诚等人共同组成一个协作组，在前人对胰岛素结构和肽链合成方法研究的基础上，开始探索用化学方法合成胰岛素。经过周密研究，他们确立了合成牛胰岛素的程序。

胰岛素的合成是由三个单位协作完成的。上海生物化学研究所由钮经义和龚岳亭领导的小组负责B链的合成；上海有机化学研究所由汪猷领导的小组以及北京大学由邢其毅领导的小组共同负责A链的合成。两条链都是通过传统的片段缩合法合成的。邹承鲁的小组负责两条肽链的组合。

而正是因为胰岛素合成的成功，使得测定胰岛素晶体结构的工作得以启

动进行。现在北京生物大分子国家重点实验室的一个优秀的 X —射线晶体学研究小组的核心便是在那时形成的。

胰岛素是由两对二硫键联结的两条肽链组成的。除链间二硫键外，在 A 链上还有一对链内二硫键。因此，在工作初期，曾考虑了三种合成方案以供选择。其中最为现实可行的方案是分别合成 A 链和 B 链，然后通过巯基的氧化使两条链正确组合。当时胰岛素分子先经过还原、分离纯化之后的 A 链和 B 链是否能通过氧化重新组合形成天然的胰岛素分子是个很重要的问题。这一问题是胰岛素人工全合成成功的关键。邹承鲁和几位才华横溢的年轻人在一起工作。他们之中包括杜雨苍、许根俊、鲁子贤和张友尚等，他们团结协作，努力找出答案。他们开始查阅文献时发现前景并不乐观，国外许多人都曾尝试过把还原的胰岛素肽链重新组合，以期获得一定产率的天然胰岛素，而这些探索都无一例外地失败了。甚至有人报道说，对于部分还原的胰岛素而言，氧化会导致活力的进一步降低。

当时除了像催产素这样的小肽以外，还没有一个含二硫键的蛋白能在还原后通过氧化而成功地再生。等到使 Anfinsen 获得诺贝尔奖的工作，即氧化被还原的核糖核酸酶肽链能得到活力恢复发表时，我们都已经由还原的胰岛素肽链得到相当产率的胰岛素了。Anfinsen 的工作要容易得多，因为核糖核酸酶只有一条肽链；而胰岛素则是由两条肽链组成的，而两条肽链可以以任何比例组合，这就大大增加了问题的复杂性。

他们那时没有被别人的失败吓倒，反而迎难而上，着手分离 A 链和 B 链，然后试图使它们正确组合以形成天然的胰岛素。当时那些年轻人们都有股"初生牛犊不畏虎"的劲头。他们反复实验，反复讨论，为了氧化被还原的肽段，历经艰辛，最终发现了不使用氧化剂而使氧化反应在低温下由空气缓慢完成的方法。这使他们在很短的时间内取得了鼓舞人心的结果，获得10%的活力恢复！

他们一直在摸索进一步提高产率的条件。不久，在大家的共同努力下，把产率提高到了30%~50%！这些研究为胰岛素的最终全合成扫清了道路。

B 链的合成以及由人工合成的 B 链与天然的 A 链构建成胰岛素首先获得成

功，其结果在1964年发表。而A链的合成却遇到些麻烦，因此龚岳亭加入到上海有机化学研究所的小组中帮助解决问题。

这个最后进行的实验是在1965年的一个清晨进行的。当注射了合成胰岛素的小鼠惊厥实验宣布成功时，那实在是一个无法用语言形容的激动人心的时刻。

1965年9月17日，他们完成了结晶牛胰岛素的全合成。经过严格鉴定，它的结构、生物活力、物理化学性质、结晶形状都和天然的牛胰岛素完全一样。

◎故事感悟

这是世界上第一个人工合成的蛋白质，为人类认识生命、揭开生命奥秘迈出了可喜的一大步。当时的新中国在六年零九个月的时间里，出色地完成了如此艰巨复杂的工作，这是他们团结协作、解决问题的结果。

◎史海撷英

破译牛胰岛素结构

早在1948年，英国生物化学家桑格就选择了一种分子量小，但具有蛋白质全部结构特征的牛胰岛素作为实验的典型材料进行研究。于1952年搞清了牛胰岛素的G链和P链上所有氨基酸的排列次序以及这两个链的结合方式。次年，他宣布破译出由17种51个氨基酸组成的两条多肽链牛胰岛素的全部结构。这是人类第一次搞清一种重要蛋白质分子的全部结构。桑格也因此荣获1958年诺贝尔化学奖。

◎文苑拾萃

中国科学院

中国科学院于1949年11月在北京成立，是国家科学技术方面最高学术机构和全国自然科学与高新技术综合研究发展中心。

中国科学院包括 5 个学部（数理学部、化学部、生物学部、地学部、技术科学部），以及 11 个分院（沈阳、长春、上海、南京、武汉、广州、成都、昆明、西安、兰州、新疆）、84 个研究院所、1 所大学、2 所学院、4 个文献情报中心、3 个技术支撑机构和 2 个新闻出版单位，分布在全国 20 多个省（市）。此外，还投资兴办了 430 余家科技型企业（含转制单位），涉及 11 个行业，其中包括 8 家上市公司。